经济学学术前沿书系

QUANQIU JIAZHILIAN SHIJIAO XIA
ZHONGGUOZHIZAOYE DE GUOJI FENGONG DIWEI YANJIU

全球价值链视角下
中国制造业的国际分工地位研究

张晓攀 著

经济日报出版社

图书在版编目（CIP）数据

全球价值链视角下中国制造业的国际分工地位研究／张晓攀著．-- 北京：经济日报出版社，2020.12

ISBN 978-7-5196-0737-1

Ⅰ.①全… Ⅱ.①张… Ⅲ.①制造工业-国际分工-研究-中国 Ⅳ.①F426.4

中国版本图书馆 CIP 数据核字（2020）第 238844 号

全球价值链视角下中国制造业的国际分工地位研究

作　　者	张晓攀
责任编辑	宋潇旸
助理编辑	林　珏
责任校对	温　海
出版发行	经济日报出版社
地　　址	北京市西城区白纸坊东街 2 号 A 座综合楼 710（邮政编码：100054）
电　　话	010-63567684（总编室）
	010-63584556（财经编辑部）
	010-63567687（企业与企业家史编辑部）
	010-63567683（经济与管理学术编辑部）
	010-63538621　63567692（发行部）
网　　址	www.edpbook.com.cn
E-mail	edpbook@126.com
经　　销	全国新华书店
印　　刷	北京建宏印刷有限公司
开　　本	710×1000 毫米　1/16
印　　张	12.5
字　　数	168 千字
版　　次	2021 年 1 月第 1 版
印　　次	2021 年 1 月第 1 次印刷
书　　号	ISBN 978-7-5196-0737-1
定　　价	52.00 元

摘 要

随着国际分工的深化，产品的生产环节被分割为技术研发、原材料生产、零部件和半成品生产、加工组装、物流配送、市场销售、售后服务等多个组成部分。运输成本的降低和贸易自由化趋势下关税和非关税壁垒的削减，又在很大程度上为生产链各环节的分散化布局提供了基础。以跨国公司主导，垂直专业化分工为主要特征的全球价值链分工成为当前国际分工的主要形式。

全球价值链下的国际分工通过在全球寻找最低生产成本的地区和企业，为每个生产环节选择最合适的生产区位。跨国公司会主动安排自身具有竞争力且附加价值最高的生产环节在公司内部，而将附加值较低的环节外包给其他的生产企业，从而实现自身利润的最大化。价值链中的其他参与企业也将自身资源和生产力全部集中投入到最具优势的生产工序中，从而实现自身生产效率的最大化及生产成本的最小化。比较优势理论和要素禀赋理论等经典的国际分工理论依旧可以被用来分析和解释全球价值链下国际分工模式的原因，不过分析的层面从产业细化到生产工序。也就是说，一国的比较优势和要素丰裕度的情况决定了该国企业在全球价值链分工中所处的生产环节。

价值链不同环节所创造的产业增加值不同，在整个产品生产中的重要性和产生贡献不同，从而导致负责不同生产环节的企业在价值链分工中获得的利润也就出现了差异。20 世纪 90 年代提出的“微笑曲线”理论中指出，一件产品生产链中不同的环节所创造的附加值和贸易利益不同，若将全球价值链中每个环节所涵盖的附加值画在一张坐标图上，会呈现出先下降后上升的微笑形状。也就是说，在产品的全部生产环节中技术研发和市场销售位于价值链的高端位置，可以创造更多的增加值同时为企业带来更多的生产利润。相比之下，加工组装的环节则位于价值链最低端，其所创造的附加值较低，故负责该生产环节的企业在生产中获得的利润也就较低。

自中国加入 WTO 后，中国制造业在世界市场中大放异彩，具体到货物贸易领域，中国已经成为其他国家所追赶的对象。分析中国制造业在世界经济中的参与方式及扮演的角色可以看到，中国主要通过加工贸易参与到国际分工中。改革开放以来，加工贸易为中国对外贸易的发展贡献了巨大的力量，到 20 世纪 90 年代，加工贸易在中国全部对外贸易额中占比达到 50%，为“中国制造”走出去开拓了广阔的道路，也为中国国内的劳动者提供了大量的就业机会。加工贸易以“两头在外”“大进大出”为主要的贸易特征，企业通过从事产品的加工组装，实现零部件、半成品到商品成品的转变，是产品生产链条的下游环节，附加值较低。依靠加工贸易发展起来的中国制造业是否给国内产业带来了与贸易总值相符的利润？迅速增长的对外贸易额是否意味着中国制造业在全球中的分工地位已经得到了提升？制造业贸易大国和强国之间的距离还有多远？成为当前正确认识世界贸易中的中国制造业所必须回答的问题。

在全球价值链的分工背景下，传统的贸易总量统计数据会存在很大程度的“重复计算”和统计误差，增加值贸易则为解决总值贸易统计的弊端提供了新的方法。本书即从增加值贸易的视角下对以下几个问题进行了分析和阐述：1. 增加值贸易视角如何改变传统的贸易统计？2. 增加值贸易统计背景下国际分工状况和分工模式的分析需要做何改进？3. 全球价值链下中国制造业的国际分工地位如何？4. 过去十几年间，中国制造业在国际中的分工状况是否得到了改善？5. 影响中国制造业在全球价值链中分工地位的因素有哪些？6. 如何进一步提升中国制造业的国际分工地位？

研究中使用了 OECD 和 WTO 联合提供的 2016 年版本（2016. 12）的

TiVA 数据库，其中提供了世界主要六十多个国家和地区在 1995 年到 2011 年的 17 年间的增加值贸易数据，为本书的研究提供了有效的数据支撑。在对国际分工地位的分析上，本书借鉴了 Hummels（2001）和 Koopman（2010）等经典研究的理论思路和研究方法，从定性和定量等多个分析层面对中国制造业在全球价值链中的分工地位进行了全面的评价，并通过构建实证模型研究了影响中国制造业在全球价值链中分工地位的因素。

研究结果显示：1. 传统的总量贸易统计方法存在较大程度的“重复统计”。具体到中国的制造业，出口中的本国增加值含量大概占到 60% 的比例，也就是说出口中由本国实际创造的部分不足三分之二，其余超过三分之一的部分则由其他国家创造通过进口再加工后通过中国再次进行出口。如果继续采用贸易总量统计方法对世界贸易局势和国际分工状况进行分析，或进行未来科学研究必然会带来一定程度的误差。2. 增加值贸易视角下对国际分工的研究需要从“产品流”层面转变为“价值流”层面，也就是说从研究产品的进出口流向进一步深入，探索产品背后的价值量构成和价值流转。在产品内分工形式出现以前，对于国家之间贸易和分工的研究只需要分析产品流动的方向和产品的要素密集度既可以实现。然而全球价值链下一国出口的产品并不完全由该国制造，用进出口的商品流量继续研究贸易和分工则会出现很大的偏误。若想在全球价值链的背景下，正确分析当前的贸易和分工形式则需要研究产品背后的价值。3. 中国制造业在全球价值链中的参与度较高，高于其他比对国家。但是在参与度指标中，后向参与度贡献远高于前向参与度，中国处于价值链的下游。全球价值链参与度较高，是与中国过去十几年间的积极开展对外贸易、参与国际分工分不开的。中国制造业已经在世界经济中承担较大的贸易份额，与其他国家制造业之间的合作也越来越广泛。4. 中国制造业在全球价值链中的分工地位较低，特别是技术含量较高的电子与光学产品制造业。中国在该产业中的增加值出口量增加迅速，但是在对国际分工地位进行评价后发现，中国的国际分工地位指数较低，在全球价值链分工中处于下游，获得的贸易增加值和企业收益较低。在分析中国制造业在 1995 年到 2011 年间国际分工地位的变化后发现，十几年间中国的贸易总量虽然提升迅速，制造业整体的国际分工地位也得到了小幅度的提升，但是与其他发达国家相比差距依旧很大。5. 在对影响中国全球价值链分工地位的因素进行实证检验后发现，生产率水平、研发投入和价值链参与度对提高中国制造业的分工地位有显著的正向效应。实证研究还发现价值链分工地位的影响具有时间延续性，本期的国际分工地位会受到上一期地位的影响。存在所谓“低端锁定”的可能性。在分析中国制造业发展的实际情况和存在的主要问题后指出，提高中国制造业的国际分工地位可以从鼓励创新、增加研发和教育投入、继续鼓励开放等方面入手。

改革开放特别是加入 WTO 以来，中国制造业通过积极参与国际分工和国际贸易，在全球经济中扮演起了越来越重要的角色。从价值链视角分析，中国制造业已经从主要依靠劳动密集型制造业逐渐发展为依靠资本和技术密集型制造业，出口产品和产业结构得到了较大幅度的提升，实现了价值链分工中垂直方向上的进步。然而，具体分析中国制造业各细分行业后发现，中国的主要竞争力依旧存在于劳动密集型产业中。中国在高技术和中高技术制造业领域的国际分工地位依旧较低，处于价值链分工的下游。未来需要继续努力推进中国制造业在高技术领域价值链中实现分工环节水平方向上的移动，朝产业链上游和附加值较高的环节转移。正确认识中国制造业在国际分工中的参与程度和地位指数，为提出有利于中国制造业在全球价值链中分工地位提升的政策提供基础。

关键词：全球价值链；增加值贸易；产品内分工；垂直专业化；制造业；国际分工地位

Abstract

Under the trend of trade liberalization and the reduction of transportation costs, different stages of production are now regularly performed in different countries. Trade of intermediate goods becomes increasingly popular. The production process is now being divided into multiple tasks including technology research and development, raw material production, parts and semi – finished product manufacturing, processing and assembly, logistics and distribution, marketing and after – sales service, etc. Multinational corporations become to be the leading force in today's global value chain and vertical specialization becomes to be the main form of international division of labor.

All the companies are trying to find the suitable production locations for each manufacturing tasks. Multinational corporations will keep the most valuable production process to itself while outsourcing other tasks to maximize their profits. The classical theories of international division of labor, such as comparative advantage theory and factor endowment theory, can still being used to analyze and explain the current situation of global value chain. However, the level of analysis changes from " products" to " tasks" . In other words, the comparative advantages and the abundance of factors in a country determine the production processes that country undertake in global value chain.

The value added ofdifferent production tasks in global value chain is totally different. As a result, the corporations in charge of different production links have different profits margins. According to the " Smile Curve" theory put forward in the 1990s, there is a smiling shape of the relationship between the amount of value added and the production process. In other words, R&D and marketing are located in the high – end of the global value chain, which can create more value and bring more profits to the enterprises. In the contrast, processing and assembly is the lowest end of value chain with fewer added values and less profit.

Since China joined WTO, China's manufacturing industry has played an important role in the world market and China has become the country with the largest export of trade of goods. However, China is mainly involved in the global value chain through processing trade. That means most of Chinese corporations are doing the processing and assembly links of the production. Since the reform and opening up, processing trade has contributed tremendously to China's economy. By 1990s, the processing trade accounted for 50% of the total foreign trade of China. However, the processing and assembly tasks are the downstream links in the production chain with low value content.

One country's gross volume of export includes the value created by domestic manufactures and the value produced by other countries. As the result, traditional trade statistics become less reliable because of " double – counting" . During the past several decades, China is well integrated into the global production chain. However is that means China get the advantageous position in international division of labor? According to the " Smiling Curve Theory" , different position in the production chain creates different value. And the country that specialized in high – value – added production stage is in a good position. In order to know the real position of China in the global value chain, it is important to know the extent of domestic value added in China's exports and the role China plays in importing and exporting intermediate goods in the world market.

This research based on the perspective of " trade in value added" , and use

TiVA as the data sources. The used version of TiVA Database is provided by OECD & WTO in December of 2016. It provides 17 years of value – added trade data of over 60 countries and regions during 1995 to 2011. TiVA Database is the main data source of this article. Hummels et al. (2001) and Koopman et al. (2010) provide the major methods and theoretical basis for this paper. Using qualitative and quantitative analysis method, this paper analyzes the position of Chinese manufacturing industry in the global value chain. And by constructing an empirical model, this paper also studies the influence factors of Chinese manufacturing industry's position in international division of labor.

The research results show that:

1. There is a large degree of " double – counting" in the traditional trade statistics. Specifically for China's manufacturing industry, the domestic part of the total value added is only about 60%. That is to say, less than two – thirds of the gross export of China is produced by itself, while other countries create the remaining more than one – third. We couldn't get the true picture of international division of labor if we continue to use traditional trade data for analyzing.

2. The research on international division of labor needs to be changed from " product flow" to " value flow" . The perspective of " trade in value added" provides a new direction of research on division of labor. Before intra – product specialization emerged, we can use the data of trade flow and the factor intensity of the trade goods to analyze the situation of international division of labor. However, in the background of global value chain, we need to explore the origin of the value to know the contribution of different countries.

3. Chinese manufacturing industry has a higher degree of participation in global value chain. However, in the GVC participation index, the contribution of backward participation is much higher than forward participation. It means that Chinese manufacturing industry is in the downstream of global value chain. The

high participation of GVC is the result from China's policy of opening up.

4. The position of China's manufacturing industry in division of labor in global value chain is relatively low, especially for the electronics and optical producing industry. Chinese corporations have been doing the tasks with fewer added valuesandgetting less profit. After evaluating the status of China's manufacturing industry in GVC, we found that Chinese position improved during the past 17years. However, the gap between China and other developed countries is still great.

5. The empirical test on the affecting factors of Chinese manufacturing industry's position in GVC shows that productivity level, R&D investment and value chain participation have a significant positive effect on improving the position of China's manufacturing industry in GVC. We also found that the impact of GVC position is time continuity. It means that the status of current position is also affected by the position of the previous period. In order to improve the position of China's manufacturing industry in GVC, we could encourage innovation; increase R&D investment or raise technological level etc.

During the past few decades, China's manufacturing industry has played an important role in the global trade market by actively participating in international trade and division of labor. China's manufacturing industry has gradually changed from relying mainly on labor - intensive manufacturing industry to relying on capital and technology - intensive industry. The structure of trade goods has also been greatly improved. However, using the method of "trade in value added" to analyze the position of China's manufacturing industry in GVC, we find that the position of China is still very low and there's still a long way to go for China's manufacturing industry. A correct understanding of China's position in GVC also helps us to give some useful suggestions to change this situation.

Key words: global value chain; value added trade; intra – product specialization; vertical specialization; manufacturing industry; international division of labor

目　录

图目录

表目录

第一章　导论

一、研究背景与研究意义

本书基于增加值贸易的视角对全球价值链分工中中国制造业的分工状况进行分析和阐述，并利用实证研究方法检验了影响中国制造业国际分工地位的因素。本章分别针对该文章的研究背景与意义、研究思路与方法、研究内容与框架进行说明，最后指出研究的创新点与不足。

（一）研究背景

自改革开放政策实施以来，中国顺应经济发展潮流，积极参与到经济全球化的发展进程中。2001 年，中国正式加入世界贸易组织（WTO），成为世界贸易组织的第 163 个成员国。加入 WTO 对中国来说具有里程碑式的意义，中国在国际规则的框架下积极削减贸易壁垒促进贸易自由化，在国际贸易和国际分工中的参与度也进一步深化。从经济总量看，过去三十几年间中国实现了年均 9% 的经济高速增长，这一发展态势与改革开放的国策是分不开的。在对外贸易领域，中国也取得了举世瞩目的成绩，不论是货物贸易还是服务贸易都取得了较快的发展。2009 年，中国首次赶超德国成为世界第一大出口国。2013 年中国的货物贸易进出口总额达到 4. 16 万亿美元，成为世界第一大货物贸易国。对外贸易领域的突出表现，一方面归功于中国国内生产力水平的提升和国内经济的发展，另一方面也与中国积极推进改革开放的政策是分不开的。中国企业主动参与到世界贸易和全球化竞争中，努力融入全球化生产网络。反观对外贸易，特别是出口贸易的发展也成为推动中国经济腾飞的主要动力，对中国竞争力和经济实力的提升具有非常重要的战略意义。

面对全球领域内多方面的竞争，中国的制造业表现尤为突出，在世界贸易中占有一席之地，出口规模逐年上涨。国家统计局数据显示，中国2013年的出口总额中工业制成品占比达到95%以上。从世界范围看，“中国制造”产品在全球的市场占有率排名第一位，显示出了强大的制造能力，中国成长为名副其实的“制造大国”。然而，作为制造业大国的中国能否算得上制造业强国？这种生产量和贸易量上的迅速增长是否可以反映出中国制造业在世界市场中具有强大的竞争实力？中国制造业在国际分工中是否已经占据了重要的地位？若要解答以上问题，需要对中国制造业参与国际贸易和国际分工的路径及当前所处的位置进行更为深入的剖析。

随着经济全球化的进一步发展，国际分工在模式上出现了较大的变化，产品内分工成为当前国际分工的主要形式。一方面，技术水平的进步和生产专业化水平的提高，使得产品的生产工序碎片化。加之各国之间贸易壁垒的削减和运输成本的降低，已经碎片化的产品生产工序在地理区位上可以实现分离，全球价值链的概念即在这种分工背景下得以产生。这一发展背景下，不同企业得以更加专业化地负责某一产品的某个生产环节，国际分工也随之深化到产品的生产工序层面。这种分工背景下，一方面会导致国际市场上交换的产品越来越多的是由多个国家共同生产。例如，美国苹果公司的iPhone手机，作为一件电子产品，并不完全由美国制造。其产品价值是由包括美国、日本、韩国、欧盟成员国、中国在内的十几个国家共同生产制造的，每个国家分别生产产品的不同零部件，或者负责产品的不同生产环节。另一方面，全球价值链分工模式还会导致更多的世界贸易表现为中间品的买卖。一件产品在走上市场之前，其原材料、零部件、半成品和中间产品可能需要多次地跨越不同国家的国境，这成为构成世界贸易商品流中的很大一个组成部分。产品和服务从由某国制造变为“世界制造（Made in the World）”，从根本上改变了对于国际分工模式和分工地位的考察方法。在当前的分工背景下，对于国际分工的研究需要从“产品”层面进一步深入和细化到“价值”层面。只有对具体产品和行业的整条价值链进行分解研究，分析出每个国家所处的生产环节及所创造的产品价值，才能够进一步分析国际生产的组织模式以及每个国家在全球经济中的地位。

（二）研究意义

长期以来，中国凭借充裕的劳动力资源和低廉的生产成本参与到世界贸易中，加工贸易几乎达到总贸易额的一半。加工贸易以“两头在外，大进大出”为突出特征，并且加工环节在产品生产链条中属于附加值和生产收益最低的环节。所以虽然中国制造业对外贸易发展速度迅猛且占有较大的国际市场份额，但并不意味着中国的制造业已经发展成熟，具备强大的国际竞争力。传统的贸易统计方法无法研究当前国际分工状况下中国制造业的国际分工地位及过去十几年中国制造业发展的真实状况。学者们已有的研究显示，在产品内分工的模式下传统的贸易统计数据会出现“重复计算”的情况。所以，我们可以根据已有研究进行推断，如果利用贸易总量统计数据去衡量中国制造业参与国际贸易和国际分工的状况的话，会出现研究结论的高估。从产品价值视角，对中国制造业的实际表现进行全新的衡量，不仅有利于更好地了解中国制造业的发展状况，对调整和优化行业的发展路线也尤为重要。

另一方面，完全依靠资源禀赋参与的国际分工虽然可以在一段时期内带动国内经济的发展，获取全球经济一体化的红利，但从长远来看并不利于一国在世界经济中确立有效的竞争地位，并且容易陷入“价值链低端锁定”的陷阱。所谓价值链低端锁定，是指一些国家长期依赖劳动力资源禀赋参与到价值链低端环节的生产中，然而产业结构和生产力水平并没有随之优化，所以在国际分工中的地位难以提升。中国制造业在国际分工中即面临此类境况，随着中国劳动力价格的攀升、“人口红利”的逐渐丧失，研究中国制造业在国际分工中的地位，并提出有效的提升路径对于中国制造业的健康有序发展和实现贸易强国战略都具有重要的意义。

本书的研究意义主要表现在以下几个方面：

首先，理论层面，通过对垂直专业化及增加值贸易的相关研究进行梳理，并探索相关理论模型，为当前开展国际分工、国际贸易、区域经济合作等方面的研究提供了新思路。

其次，本书通过增加值贸易的引入，利用中国制造业为主要研究对象，有利于更加清晰地了解当前的国际分工状况和国际贸易形势。通过增加值概念的引入理清当前国际贸易的新形势，分析了在全球价值链为主的生产组织方式下，当前的贸易统计需要做何调整。并利用最新的增加值贸易数据库，以中国的制造业作为主要研究对象，通过数据的统计和指标的计量，深入剖析传统贸易统计数据所无法反映出的产品价值流转问题。

再次，通过剔除传统贸易统计中的“重复计算”部分，重新认识了中国制造业的出口，并基于此重新衡量中国制造业的国际分工地位。为了更充分地进行地位的衡量，文中采用了多个地位评价指标。从而解答了“中国制造业的国际分工地位到底如何”的问题。

最后，通过对影响中国制造业国际分工地位的因素进行实证检验，有利于探索提升中国制造业分工地位的有效路径。

二、研究思路与方法

（一）研究思路

增加值贸易概念的提出为国际分工地位的研究提供了新的研究视角，也为本书研究内容的展开提供了基础。本书首先研究了增加值贸易对于传统贸易统计的影响，然后基于此测度了中国制造业在全球价值链分工中国际地位，最后实证研究了影响技术密集度不同的制造业行业国际分工地位的因素，并通过研究结论尝试提出了政策建议。研究的整体框架在全球价值链的分工背景下展开，关键点为增加值贸易的引入，而全文的最终落脚点在于制造业的国际分工地位。所以全文的最关键问题在于解释从增加值贸易角度如何衡量国际分工地位，也就是说建立增加值贸易和国际分工地位之间的关系。本书以此为主要线索，按照先理论分析再数据分析最后进行实证分析的思路进行展开。

首先，本书梳理了已有的研究理论和研究方法，利用垂直专业化和增加值贸易的分析方法构建理论模型，研究了全球价值链下国际分工的基础和分工地位的影响因素。

其次，进行定量分析。利用已有数据库中的增加值贸易数据，从两个不同的视角对中国制造业贸易中的增加值进行分解。一方面，按照出口产品中增加值的来源，将全部的出口商品价值分解为本国增加值和国外增加值。另一方面，根据产品的最终使用再次将出口中的本国增加值进行第二层面的分解。

再次，探索增加值贸易和国际分工地位的关系。根据上一部分定量分析的结果，构建可以研究国际分工地位的增加值指标，从而将两个因素联系在一起。将增加值贸易量、本国增加值贡献率、上下游参与度等指标与国际分工地位进行多角度横纵向的比对，从而建立增加值贸易与一国国际分工地位之间的联系。

最后，利用增加值贸易视角下衡量国际分工地位的指标，建立影响分工地位的实证模型。1995 年至 2011 年中国制造业各行业的相关数据，利用面板数据分析方法，研究不同经济要素对国际分工地位的贡献程度。并通过不同行业之间的比对，发现行业发展存在的问题，以期提出有利于提高中国制造业国际分工地位的政策引导。

（二）研究方法

1. 理论和文献研究方法

国际分工和垂直专业化的发展都有比较丰富的理论基础，国际分工地位和增加值贸易的相关研究近年来也比较丰富。所以，本书首先对相关理论进行梳理，再根据相关的理论构建之后的数据和实证分析。在已有文献整理方面，本书对国际分工地位和增加值贸易两个方面的研究进行了较为全面的梳理和总结。通过文献的大量阅读和梳理，既可以总结和学习已有文献中的研究方法和研究视角，同时可以发现研究中的不足和可能的研究方向，从而指导下一步的研究。

2. 数据和指标分析方法

本书利用大量的统计数据进行分析和研究，数据主要来自 OECD 和 WTO 提供的 TiVA 数据库。在数据的使用上，综合采用总量分析和结构分析的方法，进行时间、国别、产业等不同层面的分析。一方面研究时间跨度上中国制造业的增加值贸易和国际分工地位的变化，另一方面进行主要贸易国之间的对比分析。除了数据统计外，文中还在此基础上构建有效的评价指标，以期对国际分工地位进行更为深入的研究。

3. 投入产出分析方法

本书的研究内容中，不论是垂直专业化的测度、增加值贸易的研究还是全球价值链的组织模式分析都需要用到投入产出的分析方法。投入产出分析方法是将经济视为一个有机统一的整体，并将各个部门在生产过程中的数量联系进行直观展示的方法。通过构建投入产出表可以研究一国不同产业之间的生产网络组织情况，及产品生产和使用的流动方向。国际投入产出表则通过生产消耗和分配使用两个方面提供了产品在全球经济领域内从不同国家、不同产业之间的流动情况。投入产出的分析方法为研究贸易问题和分工问题提供了有效的帮助，也成为分析全球价值链下问题的关键。

4. 实证研究方法

在研究影响中国制造业国际分工地位的因素时，利用了实证研究方法。因变量确定为中国制造业的国际分工地位，通过理论分析选取要考查的自变量，建立了中国制造业国际地位的影响因素模型。利用最新版本的 TiVA 数据库代入模型进行实证检验后，得出不同制造业细分行业分工地位的影响因素，并进行了比对分析。

三、研究内容与框架

（一）研究内容

本书共分为七章，每章的主要内容如下：

第 1 章导论，主要阐述本书的研究背景与意义、研究思路与方法、研究内容与框架及研究的主要创新和不足等内容。

第 2 章文献综述，一方面对本书出现的关键概念进行界定，另一方面分别对垂直专业化、国际分工地位和增加值贸易领域中的已有研究进行梳理，为本书的研究提供前期基础。

第 3 章理论基础，阐述了国际分工的基础和动因，并提出了本书的理论分析框架。首先，通过构建全球价值链下改良的比较优势理论模型和要素禀赋理论模型，分析了垂直专业化背景下国际分工存在的基础。然后通过贸易的增加值分解模型，将传统的贸易统计进行了本国增加值和别国增加值的分解，为之后的定量和定性分析打下基础。

第 4 章基本情况分析，主要介绍中国制造业参与国际分工的模式和发展情况。

第 5 章通过数据统计进行定性和定量分析，主要研究了中国制造业出口中的增加值贸易总量和结构。首先对中国制造业出口中的增加值进行国内、国外的分解，然后研究了中国与其他国家之间的不同及制造业不同行业的不同表现。最后通过研究中国制造业的前向和后向参与度指标及显性比较优势等指标，研究中国制造业实际的国际分工地位。

第 6 章实证分析，通过建立影响中国制造业国际分工地位的实证模型，研究如何提高中国制造业的国际分工地位，探索合理有效的国际发展路线。

第 7 章结论与政策建议，总结全书归纳研究结论，并依照研究结论提出具有针对性的政策建议，最后展望未来的研究方向。

（二）研究框架

本书的研究框架和技术路线如下图所示：

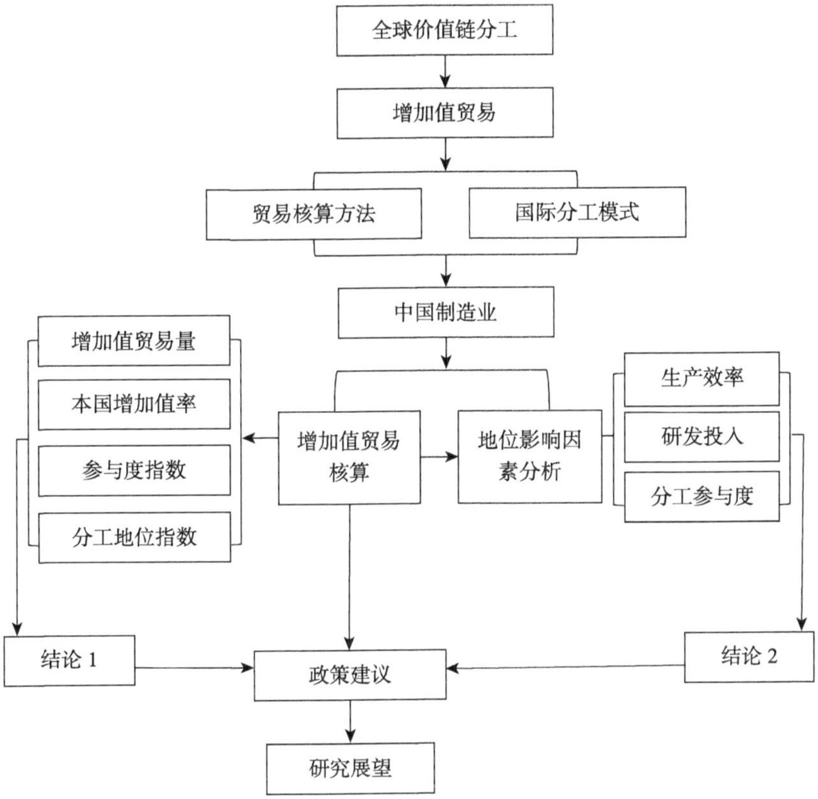

图 1－1　技术路线图

四、研究的创新点和不足

（一）研究的创新点

本书从全新的增加值贸易视角，研究了全球价值链分工下中国制造业的国际分工地位，研究角度较为新颖。从研究内容上看，本书的主要创新点有：

第一，增加值贸易统计方法是近几年才提出的，其统计数据和研究方法也较新。本书从增加值贸易入手分析中国制造业的国际分工地位，并进行了国家之间的比对及细分产业的研究，目前类似的研究并不多。

第二，分析增加值贸易总量和结构数据，并利用合理的统计指标与国际分工地位联系在一起。增加值贸易量可以反映一国在生产中的贡献以及通过分工该国可以获得的贸易收入，但是将增加值贸易量和结构与国际分工地位进行联系的研究并不多。

第三，通过研究产品价值的流动，从动态化的视角勾勒出全球价值链下中国嵌入国际分工的路线及在时间跨度上的转变。投入产出的研究方法和增加值贸易的数据库为动态化研究提供了帮助，通过分析产品价值的来源和去向，可以更加直观地展现中国制造业与价值链上游和下游之间的合作模式。

第四，利用增加值贸易测算中国制造业的国际分工地位，并构建影响其分工地位的计量模型。传统的影响因素模型构建，因使用传统的贸易总量统计方式计算国际分工地位，存在一定程度的统计误差。所以将增加值贸易的概念引入国际分工地位的影响因素模型中，有利于探究中国制造业国际分工地位背后的影响机制，并提出有效的提升路径。

（二）研究的不足

首先，从增加值贸易视角研究价值链和国际分工问题属于比较新的研究领域，受到作者理论水平和研究能力的限制，在分析的过程中难免出现遗漏，得出的研究结论也可能不够完善。

其次，研究数据的限制。一方面，由于研究中采用的 TiVA 数据库只覆盖了 1995 年到 2011 年的增加值贸易数据，无法考察 2011 年至今中国制造业的发展状况。或许，增加值贸易视角下中国制造业的国际分工地位已经在近些年发生了与过去不同的变化，但是由于数据的限制我们并不能考查。另一方面，已有数据可能存在统计口径方面的误差。随着垂直专业化分工的盛行，投入产出分析方法成为研究贸易流量和国际分工的必然选择，原有的贸易总量统计数据已经无法满足研究的需要。虽然已有多个国际组织和科研机构利用投入产出方法，对贸易数据进行了调整，并推出其建立的全新贸易数据库。但是由于每个国家产业分类的不同及统计口径的不一致，导致最终整合的数据库存在较大的误差。加上不同年份统计数据的遗漏和缺失，在很大程度上影响数据的可比性和精确性。再有，数据库的建立尚处于起步阶段，在统计覆盖国家、行业和统计年份方面还存在诸多不足。相信随着统计方法的改进和统计口径的协调，未来会有更加丰富和精确的贸易数据可以使用，弥补现阶段研究数据的限制。

第三，增加值背后的形成机制和影响因素的研究不够深入。受到数据和研究条件的限制，本书直接将数据库中的贸易增加值拿来使用，在影响国际分工地位的因素模型构建时也是直接将增加值贸易进行代入。并没有分析影响一国增加值创造的因素是什么，也没有说明通过何种方式可以促进一国的增加值贸易。这一层面的研究有待进一步深入。

第二章　文献综述

本章首先对文中出现的相关概念进行界定，并对已有关于垂直专业化和增加值贸易、中国国际分工地位的研究文献进行梳理。

一、相关概念的界定

本书要从增加值贸易的视角入手分析全球价值链中中国制造业的国际分工地位，主要通过进出口贸易流量中的价值流转进行数据和实证分析，下面对于文中涉及的几个关键概念进行界定：

（一）全球价值链概念的界定

随着经济全球化发展，生产的专业化和技术水平的提高，产品的生产环节出现碎片化的趋势，产品的生产环节被细化为更多的生产环节和工序。另一方面，随着贸易壁垒和交通运输成本的大幅降低，产品的生产环节出现分散化的趋势，越来越多的生产环节被安排到不同的国家。国际分工从传统的产业间分工、产业内分工等形式发展为当今的产品内分工。所谓产品内分工，即各国之间的分工从同一产品的生产过程中进行展开，这一分工形式与之前的分工形式截然不同。

1. 全球价值链

“全球价值链”（Global Value Chain）是在国际分工发展到产品内分工后自然出现的一个概念，主要是指某一产品或服务从设计研发、原材料生产、半成品制造、加工组装、市场销售、售后服务等环节联系在一起的一个生产链条。在整个链条上，产品通过不同企业的价值创造，逐步实现其价值的增值，最终走上消费市场。联合国工业发展组织对全球价值链的定义具有代表性，它指出：“全球价值链是指为实现商品或服务价值而连接生产、销售、回收处理等过程的全球性跨企业网络组织，涉及从原料采购和运输，半成品和成品的生产和分销，直至最终消费和回收处理的整个过程。包括所有参与者和生产销售等活动的组织及其价值、利润分配，当前散布于全球的处于价值链上的企业进行着从设计、产品开发、生产制造、营销、交货、消费、售后服务、最后循环利用等各种增值活动。”

与“全球价值链”概念相对应的另一个概念是“垂直专业化”（Vertical Specialization），这两个概念既有很强的相关性又不完全相同。全球价值链是生产组织层面的概念，从产品的价值创造和实现的视角出发，重点强调在跨国公司主导下形成的不同国家企业负责不同的生产环节，从而组成的如同链条的生产组织模式。相比较而言，垂直专业化则是分工层面的概念，主要强调生产工序被分割，并通过国际分工将不同的生产工序布置给不同国家，从而形成的国际化的分工模式。

2. 垂直专业化

垂直专业化的概念最早由美国的经济学家 Balassa（1967）[①] 提出，他将产品生产的某个或某些环节分布在不同国家生产的国际分工现象称作垂直专业化。随后还有其他几位经济学家对这一概念进行了相应补充。但是，对垂直专业化的概念作出比较清晰和明确阐述的是 Hummels 等（2001）[②] 的研究，学者们通常将之称为 HIY 研究方法。Hummels 等（2001）的研究指出垂直专业化的存在需要同时满足以下三个条件：

（1）一个产品的生产需要经过两个及以上的生产环节。

（2）在该产品的生产过程中要有两个及以上的国家参与，每个国家创造一部分的产品增加值。

（3）至少有一个该产品的生产参与国通过进口别国的中间品进行自身

① Balassa, Bela. Tariff Protection in Industrial Countries: An Evaluation [J]. Journal of Political Economy, 1967, 73 (4): 573－594.

② Hummels D, Ishii J, Yi K－M. The Nature and Gross of Vertical Specialization in World Trade [J]. Journal of International Economics. 2001. 54: 75－96.

负责的生产环节，并且该国所生产的产品又有一部分用于出口。在同时满足以上三个假设的基础上，垂直专业化（VS）可以通过以下公式得以计算：

$$VS = \frac{IM_{inter}}{GO} \times EX \tag{2.1}$$

$$= \frac{EX}{GO} \times IM_{inter} \tag{2.2}$$

公式中IM_{inter}代表进口的中间商品数量；EX 代表出口量；GO 表示总产出。从公式 2.1 可以看出如果一国的生产过程不使用进口中间品，则垂直专业化水平为零。公式 2.2 的变形则体现出，如果一国的总产出中没有用于出口的部分，垂直专业化水平也为零。只有一国生产满足：（1）使用进口中间品；（2）总产出中有一部分用于出口两个条件，才会存在垂直专业化。

HIY（2001）的研究中有两个严格的假设，一是假设不存在加工贸易，也就是说不存在一国进口中间品进行加工后以半成品再次出口的情况；二是假设进口中间品均等地投入在生产内销的最终产品和用于出口的最终产品中。当前的国际分工状况下，很多国家从事加工贸易，从别国进口半成品在本国进行进一步加工组装后，再次以半成品的形式进行出口，例如中国和墨西哥等国。而 HIY 的模型中并没有对这类的贸易现象进行解释，在此之后的研究学者试图从不同的角度放松以上的两点假设，对 HIY 模型进行了改进。

垂直专业化指各国之间的中间品贸易增加，各国生产链和贸易链延长到其他国家的一种贸易现象。在垂直专业化的贸易模式下，一国从别国进口中间品进行国内的加工生产，最终又将本国生产的产品部分或全部出口到国外，同一条产品生产链条上存在多个国家参与。垂直专业化的趋势下即出现了国际分工模式的转变，传统的产业间和产业内分工发展为产品内分工。每个国家负责产品生产中的一个或多个环节，通过多次反复的产品进出口，直到实现最终产品抵达消费国为止。贸易的形式在这一背景下也发生了变化，“任务贸易”替代了“产品贸易”，成为当前较为广泛的贸易形式。垂直专业化分工下各国出口的更多是本国负责的某一生产环节的任务和中间品，而不再是最终产品。同样的，某国出口的最终产品价值也并不完全是由本国创造，传统对某一产品为“某国制造”的定位也变得不再合理，“Made in the world”成为许多产品的新标签。与垂直专业化类似的其他概念还有：产品内分工、多阶段生产、国际生产分割、国际生产分散化、全球生产共享等。以上概念虽然名称和侧重点稍有不同，但都是指代生产环节分布在不同国家的产品分工模式。

产品内分工的概念与垂直专业化基本等同，除此之外还有一系列与之相关的概念，如“国际生产分散化”“国际生产分割”等，都表达同一产品或服务的生产过程通过工序的切割，将不同的生产过程分散到不同的国家的生产模式。在此基础上，全球价值链的概念得以提出，用以表明涵盖产品研发设计、原材料采购、半成品生产、加工组装、市场销售全部环节在内的完整价值增值链条。

垂直专业化的趋势会使得欠发达国家依据比较优势理论选择附加值较低的劳动密集型环节集中生产。这种分工的变化会在一定程度上导致发展中国家转移更多的生产力和生产要素到更为简单的产品或简单的生产环节，从而弱化该国在全球国际化分工中的地位和国际竞争力，陷入“低端锁定”和“比较优势陷阱”。另一方面，垂直专业化分工又可以通过全球价值链将各国的生产力集中在一起，为同一件产品进行生产。各国在全球价值链中参与一个动态化的生产过程，每个国家与国家之间、不同产业之间、同一生产链条的不同环节之间等都产生了互相的影响和带动。发展中国家参与到国际分工后，既能发挥自身作用，又可以利用发达国家的技术溢出、产业带动等实现自身产业的提升。发达国家的高端技术和先进的管理经验也可以成为发展中国家企业学习的内容，新兴工业化国家利用产业上下游之间的带动最终可以帮助本国产业进步，最终提高本国在全球价值链中的作用。

综上，垂直专业化对于一国国际分工地位的影响究竟是正向还是负向，需要对比以上提到两个作用的大小。如果一国参与垂直专业化导致更多的国内优势资源集中于生产附加值小的产品环节，则可能给本国带来较多的不利影响，更严重的则会冲击本国产业的可持续发展。相反，如果一国参与垂直专业化帮助本国产业学习和借鉴了更多的国外企业经验，带动了本国技术的创新和生产力的进步，最终影响就会是正向的，有利于本国国民经济的进步和国际分工地位的提升。过去几十年，中国加工贸易迅速发展，体现出中国参与全球垂直专业化的程度在不断深化。中国在全球价值链中扮演越来越重要的角色，究竟提升了中国的国际分工地位还是相反，需要进行进一步深入的研究才能得出结论。

（二）增加值贸易概念的界定

所谓增加值（Value - added）是指产品或者服务的生产过程中某一特定环节或任务所创造的价值增值，这一概念已经被广泛地用于价值链和生产组织模式的研究中。而增加值贸易的概念，则是在新的国际分工背景下，为了适应统计需要而发展出的一种新型的贸易核算方法。

产业间分工和产业内分工的背景下，参与到分工中的国家负责不同产业或相同产业内不同产品的生产，每个国家参与国际分工和国际贸易的模式可以通过其进出口的商品结构进行较为直观的考察。简单来说，在传统的研究视角下，若一国主要出口劳动密集型产品则说明该国主要通过劳动力价格或数量的比较优势参与到国际分工，或可以体现出该国的劳动要素比较丰裕。同时，与另一个主要出口资本和技术密集型产品的国家相比，该国可能会在国际分工中处于劣势。在垂直专业化分工的背景下，以上分析却无法继续成立。因为各国负责同一产品生产过程中的不同生产环节，从原材料、半成品再到最终产品每个阶段都要经历多次在不同国家之间的进出口，最终才能走向消费市场。这一分工的现实导致一国出口的产品并不完全是由本国生产，一国进口的产品也无法确定产品的来源，市场上的所有产品都成为“世界制造（Made in the World）”。所以，一国的进出口商品结构也就不能直接用于考察该国在全球的分工地位。国际分工形式的转变从根本上改变了原有对于进出口贸易状况、各国国际分工状况、全球贸易格局的看法，也彻底改变了学术研究领域对于国际分工的研究。一方面，对于各国和全球进出口贸易的考察，如果依旧使用传统的关境统计方法，就会出现“所见非所得”的问题。例如，计入一国出口的产品假设只是由该国负责加工组装，而产品的原材料和半成品均是由其他国家进口所得。那么，若是把该产品全部计入该国出口，则会对该国的出口规模造成很大程度上的高估。另一方面，传统的统计数据，对于研究全球生产链条如何运作并没有很大的帮助。因为如果不深入地探索各国的进出口产品在价值上的构成，那么不论是对于全球价值链的运作模式，还是各国在分工中实际位置的研究都非常困难。

在全球价值链的背景下，若要探索全球贸易的实际状况及各国在国际分工中的真实角色和本国创造的实际价值，最重要的一点就是要将产品进行价值层面的分解。产品不再是一个整体的概念，而是由原产于不同国家价值的组合。进行价值分解后，就可以去研究每个国家在某一产品和服务的总价值中的实际贡献，也可以去考察该产品价值链中各个国家的实际角色。“增加值贸易”（Trade in Value - added）的概念就是在这种背景下被提出的，为国际分工的研究开创了全新的视角。

Daudin 等①（2011）在研究中指出“所谓‘增加值贸易’就是只考察产品生产者和其最终消费者之间的价值流转”，该定义对于理解“增加值贸易”有着非常重要的意义。Johnson 和 Noguera（2012）② 也在文中提到了增加值贸易（Trade in Value added）的概念，放松了 HIY 模型中认为一

① Daudin G，Rifflart C，Schweisguth D. Who Produces for Whom in the World Economy?［J］. Canadian Journal of Economics，2011，44（4）：1403 - 1437.

② Johnson，Robert C.，Guillermo Noguera. Accounting for Intermediates：Production Sharing and Trade in Value Added［J］. Journal of International Economic. 2012，82（2）：224 - 236.

国出口产品全部被他国作为最终产品使用的严格假设。提出了和 Daudin 类似的观点，认为其他国家最终需求中使用的产品所含有的本国增加值，即为本国的增加值出口。可以这么说，传统的贸易统计方法统计的是表面上货物跨越国境的过程，而没有考量货物转移背后所携带的价值流转问题。在不存在产品内分工之前的贸易背景下，货物物理上的位移和其背后的价值流转本质上是同一件事。然而随着垂直专业化分工的出现，产品在位移时可能携带多个国家所创造的价值，此时如果只看货物本身，则贸易研究就会失去真实性。只有透过现象分析本质，研究货物位置移动的背后实际的价值流转，深入探究价值来自哪里、最终又流向了哪里，才能真正看清全球价值链背景下国际贸易和国际分工的实际状况。也就是说，所谓增加值贸易主要考查正反两个方向的问题：一是利用本国要素所生产的价值最终被哪个国家作为最终产品使用了；二是本国所使用的最终产品中含有哪些国家生产要素所创造的价值。

按照 Daudin 等学者的定义，在多边贸易背景下，若要研究一国与世界其他国家之间的增加值贸易，则需要在传统贸易统计的出口中减去别国创造的价值；再用传统贸易统计中的进口减去其中含有的本国价值。简单分析后就可以发现，传统的贸易统计因为出口中含其他国家创造的价值，所以存在重复计算（Double Counting）。同样的，因为进口是其中含本国价值复进口的，所以也会存在重复计算。只有将重复计算在传统贸易数据中进行剔除，才能看到一国贸易的真实状况。Daudin 等学者在其研究中首先定义了指标 $VS1^*$，用以代表本国进口的最终产品中复进口的本国价值。所以此时垂直专业化包括出口中的 VS 和进口中的 $VS1^*$ 两部分，要计算增加值贸易需要将以上两个部分分别从出口和进口中剔除。公式如下：

$$VAT_w = GT - (VS + VS1^*) \tag{2.3}$$

其中 VAT_w 表示世界增加值贸易，而 GT 表示传统统计下的世界贸易。

在分析两国之间双边贸易时，增加值贸易的表现形式又与多边状况下稍有不同。假设，要研究中美两国之间的双边增加值贸易出口状况，除了要考虑进出口统计额中是否存在重复计算以外，还要考虑是否存在中国创造的增加值由除中美以外的第三国出口给美国的情况（间接增加值贸易）。基本的计算公式如下：

$$VAT_{ij} = GT_{ij} - (VS_{ij} + VS1_{ij}) + VA_{ij}^{s} \tag{2.4}$$

公式中VAT_{ij}表示 i 国出口到 j 国的增加值出口；GT_{ij}表示传统贸易统计中 i 国出口到 j 国的贸易额；VS_{ij}表示 i 国出口到 j 国产品价值中的别国增加值；$VS1_{ij}$表示 i 国出口到 j 国但并没有被 j 国使用，而是被 j 国再次出口的价值；VA_{ij}^{s}表示通过其他第三国 s 实现的 i 国价值转移到 j 国的情形，也就是间接增加值出口。如何将传统贸易统计数据进行增加值贸易的分解，会在第三章理论模型部分，利用 Koopman（2014）的模型进行深入分析。

增加值贸易概念的提出，也为我们提供了一种研究对外贸易差额的新思路。根据上述分析可以看出，增加值贸易包括增加值出口和进口两个方面。在传统贸易统计背景下，对于一国贸易均衡状况的衡量，是通过一国总的进出口差额得出的。重复计算的存在使原有的研究失去了准确性，需要改用增加值贸易统计进行重新核算。通过核算一国的增加值出口和增加值进口的差额，才可以看出一国在一定时期内对外贸易差额的真实状况。双边贸易背景下，两国的贸易差额的核算也会因为同样的原因出现被高估或低估的情况。综上所述，增加值贸易的提出改进了原有的贸易统计方式，开创了国际贸易研究的新篇章。

增加值贸易是区别于传统贸易的一个概念，用于衡量贸易总量中所包含的增加值状况。现有的国际研究中有两个与增加值相关的概念分别是“trade in value added”和“value added in trade”，这两个概念在含义上并不完全相同，但是当前已有的研究中并未将两个概念进行明确的区分。从两个概念的侧重点上分析，“trade in value added”重点强调总的贸易增加值背后，不同国家的分摊方式；“value added in trade”则重点衡量一国出口到其他国家被用于最终消费的产品中所含有的本国增加值。两个概念的计算方法和考察目的不同也不完全相同。国内学界对于两个概念的翻译也尚未达成共识，研究中使用的翻译有“增加值贸易”“贸易增加值”“附加值贸易”“贸易附加值”等。在本书的研究中，因研究对象为中国制造业，在研究内容上一方面中国为出发点考察中国制造业出口贸易中含有的本国增加值，同时又比对研究了制造业行业中不同国家创造增加值的状况，故这一概念在文中统一翻译为“增加值贸易”且不再进行细致的区分。

二、垂直专业化和增加值贸易的相关研究

总结国内外在全球价值链背景下，已有的国际分工与贸易状况的研究主要从以下三个层面展开：

一是利用企业层面数据，分析一国企业在全球价值链中所获得的贸易收益。具有代表性的是 Linden① （2009，2011） 的研究。文中 Linden 对苹果公司的 iPod 产品进行了增加值层面的研究，结论显示 iPod 产品的生产为美国提供了较多的就业机会和生产收益。对于作为加工组装国的中国，虽然贸易统计中显示每件价值 300 美元的 iPod 会带来中国对美国高达 150 美元的贸易顺差，实际情况却并不是这样，中国在每件产品中创造的实际价值仅有几美元。类似的还有 Kraemer 等（2011） 针对 iPhone 的全球价值链进行的分解，显示中国出口一台 iPhone 手机实际获得价值只是整部苹果手机的 1.8%。然而此类的研究从企业入手，一方面会面临企业数据缺乏等问题，另一方面，企业层面的研究难以进行广泛的应用和推广，同时对于理解一国的宏观情况帮助不大，所以此类研究数量较少。

除此之外，已有的研究大部分都开展宏观层面的分析。此类研究从传统的贸易理论出发，将理论发展到当前的全球价值链层面，有些综合使用

① Linden, Greg; Kraemer, Kenneth L; Dedrick, Jason. Who Captures Value in a Global Innovation System? The case of Apple's iPod [J]. Communications of the Acm, 2009 (3): 140-144.

了利用投入产出的研究方法，对垂直专业化和增加值贸易进行了多角度的剖析。这类的研究既可以保证研究结论的可推广性，又有助于各国分析自身贸易状况等宏观问题，所以研究较为丰富，主要涵盖两个方面：一是研究垂直专业化；二是研究增加值贸易。这两个方面的研究侧重点不同，垂直专业化的研究主要侧重于产品生产的组织方式，主要考虑的产品流；增加值贸易的相关研究则从产品流研究转向了价值流的研究，分析和测度一国创造的价值如何从不同国家之间流转。下文对这两个研究视角的文献进行梳理和总结：

（一）垂直专业化的相关研究

随着生产环节的碎片化，垂直专业化（Vertical Specialization）的趋势改变了对生产模式、产品贸易结构、要素价格和福利的传统研究。但是由于数据的可得性，早期关于垂直专业化的研究大都停留在案例研究的阶段，并没有上升到理论层面。

最早将案例研究普遍化，并进行了较为深入理论探索的研究，可以追溯到 Hummels 等（2001）。正如上文中所提到的，在其研究中提出了垂直专业化的概念及垂直专业化存在的三个基本条件。研究在两个主要的假设下进行：一是假定不存在一国进口中间品，并在加工后再次以半成品的形式出口的贸易状况，该假定等同于不存在“加工贸易”这种贸易类型，产品的生产只有两个生产环节，且不存在一国生产价值通过进口再次回流到国内的可能性；二是假定一国的进口中间品以同样的比例投入到本国最终产品和出口最终产品的生产中。在以上两个假设条件下，一国的进口中间品就全部作为国外生产的价值被融入本国产品的生产和出口中。基于此，文中指出垂直专业化就是嵌入在出口产品中的进口投入品的价值，并将垂直专业化（VS）的测度公式归纳为公式 2.1 和 2.2。

学术界习惯性地将该文章和其研究方法称为“HIY 模型”或者“HIY 方法”。HIY 根据其对垂直专业化的定义，基于一国的投入产出表将一国的出口分解为国内增加值（DV）和国外增加值（VS）两部分。其研究中通过三个国家之间的贸易流向，对垂直专业化的具体定义如下图所示：

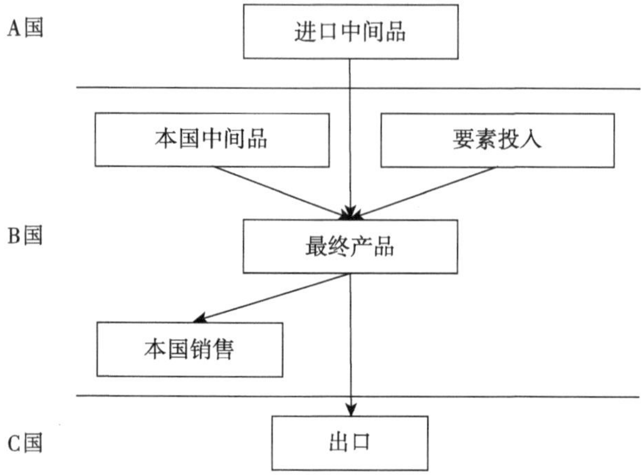

图2－1　垂直专业化的直观展示

资料来源：Hummels et al.，2001. ①

Hummels等（2001）将垂直专业化（VS）定义为一国出口中从他国进口的中间投入，反映到上图中就是B国出口的产品中所涵盖的A国的中间品价值。另外，文中还将垂直专业化的定义进一步深化，提出了VS1指标，用于衡量一国出口被他国用于生产出口产品的价值。在计算时需要计算该国出口到其他国家的中间品量，还需要计算他国用中间品进行生产后出口的状况，所以需要多边贸易数据才可以算出。文中利用1970年至1995年间OECD中10个成员国和4个非成员国的投入产出表，测算了这些国家的垂直专业化水平。测算结果显示，4个非OECD成员国的垂直专业化水平高于10个OECD成员国，也就是说4个新兴经济体的出口产品中的国外价值高于发达经济体。样本国家总体上的垂直一体化水平在1990年达到25%的水平。Hummels等（2001）的研究开创了垂直专业化计量的新

① Hummels D, Ishii J, Yi K－M. The Nature and Gross of Vertical Specialization in World Trade［J］. Journal of International Economics. 2001. 54：75－96.

篇章，将产品生产环节在地理上的分离引入模型中，直观地解释了垂直专业化是什么，并通过公式计算出当前的垂直专业化状况，为之后的相关研究提供了非常重要的思路。但是 HIY 模型依旧存在其固有的不足。正如上文所说，HIY 模型是在较为严格的两点假设下展开的，而这两点假设与实际情况均不相符。首先，其第一个假设很难成立，因为随着产品生产环节的碎片化，几乎全球贸易中所有的产品都具有“世界制造”的特征。一国很有可能进口半成品生产半成品出口，同时一国进口的中间品和最终产品中含有本国创造价值的可能性很大，所以 HIY 研究模型中这一假设在现实状况下很难实现。其次，HIY 模型中的第二个假设，对于中国这种加工贸易规模较大的国家而言，出口产品对于进口中间品的依赖程度和本国消费品对进口中间品的依赖程度必然不同。但不可否认，HIY 的研究为之后于垂直专业化的研究打下了非常重要的基础，对于 VS 指标的概念和测度方法也为之后增加值贸易概念的提出和测度提供了重要的引导。

在此之后，许多学者通过放松 HIY 方法中的两个严格假设，将研究进一步推进。例如，Wang 等①（2008）的研究，就放松了 HIY 中的第一假设，将原有模型进行了进一步的扩展。分析了多国参与的价值链中，增加值如何分解到各个国家，并在研究中指出 HIY 只是其度量模型中的一个特例。Koopman 等②（2008）的研究则将加工贸易引入到 HIY 模型中，分析作为加工贸易代表的中国和墨西哥在垂直专业化上的表现。研究中考虑了加工贸易、一般贸易和国内最终使用在生产时对中间品依赖的不同，将其投入产出系数进行了区分。研究结果显示，中国在加入 WTO 以前，出口的国内增加值份额为 50%，而加入世贸组织之后这一比重上升到 60%。但

---

① Wang Z, Wei S J. What Accounts for the Rising Sophistication of China's Exports? [J]. NBER Working Paper. 2008: 63 - 104.

② Koopman R, Wang Z, Wwi S J. How much of Chinese Exports is Really Made in China? Assessing Domestic Value - Added When Processing Trade is Pervasive [J]. NBER Working Paper, 2008, No: 14109.

是 Koopman 等（2008）在研究中并没有考虑 HIY 中第一个前提假设的限制，对于贸易和商品价值流的探究上还存在不足。Daudin 等[①]（2011）的研究中定义了 VS1*，通过放松 HIY 的第一个假设，补充了 Hummels 等（2001）的研究。VS1*用于指代一国出口中被他国进口用于生产最终产品后又再次进口回本国的中间产品。通过定义 VS1*指标，研究中指出垂直专业化应该是 VS 和 VS1*的加总，而若是要从总量上考察一国的增加值贸易（Value - added trade），只需在标准贸易数据中将垂直专业化剔除即可。在 HIY 研究之后出现的一系列利用投入产出分析方法研究国际分工和贸易问题的文献，研究大都是基于国际投入产出表进行展开。这种分析方法将世界分为一国和他国两部分，把其他国家看作一个整体而忽视了他国之间的内部联系。国际投入产出表的出现和使用将垂直专业化的研究推进到价值流领域，与增加值贸易相关的研究逐步替代了垂直专业化成了研究的主流。

国内在垂直专业化测度领域具有突出代表性的研究项目是，北京大学中国经济研究中心课题组[②]（2006）提供的中国 1992 年到 2003 年间的垂直专业化水平数据，在计算中利用了中国 40 多个产业的投入产出表进行测算。

垂直专业化领域的研究除了针对垂直专业化程度的测度以外，还有针对垂直专业化的动因及经济效应的研究。例如，Sanyal 和 Jones（1982），Dixit 和 Grossman[③]（1982）等研究中指出比较优势是垂直专业化的决定因素；Jones 和 Kierzkowski（1988）则指出垂直专业化是由比较优势和规模经济两个方面因素决定的；Marin 和 Verdier（2003），Antras 和 Helpman

① Daudin G, Rifflart C, Schweisguth D. Who Produces for Whom in the World Economy? [J]. Canadian Journal of Economics, 2011, 44 (4): 1403 - 1437.

② 北京大学中国经济研究中心课题组．中国出口贸易中的垂直专门化与中美贸易 [J]．世界经济, 2006 (5): 5 - 14.

③ Dixit A K, Grossman G M. Trade and Protection with Multistage Production [J]. The Review of Economic Studies, 1982, 49 (4): 583 - 594.

（2003）等人的研究中则利用了新制度经济学，通过委托代理理论、产权理论等对企业在垂直专业化生产与外包之间的选择进行了分析。对于垂直专业化的经济效应的研究主要针对其对工资和就业的影响展开，代表性研究有 Feenstra 和 Hanson①（1996，1999，2001），研究发现外包对发包国工人的工资和就业变动具有显著的相关性。由于以上两个方面的研究与本书的研究主题相关性不大，本书不再赘述。

（二）增加值贸易的相关研究

国际投入产出表的使用将全球价值链背景下生产组织模式和价值流的相关研究推向了一个新的阶段。国际投入产出表中可以展示出不同国家之间产品的投入和产出模式，对于分析国际分工和国际生产组织模式都极为有利，之后很多研究学者都在研究中使用了国际投入产出表。例如，Koopman 等②（2010）综合使用了 GTAP 数据库③和 UNCOMTRADE 数据库，建立了国家间的投入产出表用于衡量出口中的国内增加值。Johnson 和 Noguera④（2012）同样使用了 GTAP 数据库，通过构建全球的双边投入产出矩阵，衡量了 94 个经济体的增加值出口和代表性国家双边的增加值贸易状况及贸易差额。他们的研究将出口的最终产品价值重新进行分解，寻找原始的价值创造国，从而回答“产品价值究竟来自哪里”的问题。研究结果显示，贸易总值统计下的对外贸易和双边贸易因为包含了大量的中间品贸易，所以存在较大的统计误差。他们的研究为垂直专业化下的国际贸易和分工研究奠定了基础，但是由于 GTAP 数据库中的数据只限于 2004 年，所

---

① Feenstra Robert C, Hanson G H. Foreign Investment, Investment, Outsourcing and Relative Wages [J]. NBER Working Paper No. 5121, 1995.

② Koopman R, Wang Z, Wei S. Give Credit Where Credit is Due: Tracing Value Added in Global Production Chains [J]. NBER Working Paper, 2010, No. 16426.

③ 数据库的介绍见第五章，表 5 – 1。

④ Johnson, Robert C., Guillermo Noguera. Accounting for Intermediates: Production Sharing and Trade in Value Added [J]. Journal of International Economic. 2012, 82 (2): 224 – 236.

以以上研究不能显示时间序列上的变化，无法体现贸易和分工的动态特征。

增加值贸易的研究是在垂直专业化研究的基础上展开的，并且放松了垂直专业化研究中对于“所有进口中间品的价值全部由国外增加值构成”的假定，更加符合全球价值链分工的现实。研究的主要选题是，利用附加值贸易的方法，衡量各国在全球价值链中的附加值贸易状况。Daudin 等（2009）首次明确提出对增加值贸易进行测度，研究中指出在当前的国际分工局势下，产品的生产涉及国家和环节很多，只有对所有价值创造环节和生产阶段进行分解研究，才能追溯到产品价值的真正行业和国家来源。Johnson 和 Noguera（2012）使用了与 Daudin 等（2009）相似的研究方法，将按照增加值的最终归宿将增加值出口进行分解，这种方法可以将一国出口后又再次进口的产品中所涵盖的本国增加值进行排除，可以真正反映一国对世界其他国家的增加值出口情况。研究中通过将不同国家的投入产出表与双边贸易数据进行比对和匹配后，测算了 2004 年 87 个国家的增加值贸易。

Koopman 等（2008，2010）的研究构建了全新的垂直专业化衡量方法，学术界通常称之为 KWW 法和 KPWW 法，这两种方法克服了 Hummels 等（2001）在前提假设方面的不足。Koopman 等（2010）综合了已有的垂直专业化和增加值贸易的测算方法，提出了对贸易流量进行增加值角度分解的新的测算方法。他认为出口可以分解为国内增加值和国外增加值两部分。国内增加值部分又可以根据来源不同分解为三个部分：直接的国内增加值（direct domestic value added）、本国中间品使用中含有的本国增加值（indirect domestic value added）、进口中间品中含有的本国增加值（indirect domestic value added embodied in imports）。在将一国的出口总值分解为国内增加值的出口和国外增加值的出口两部分的基础上，Koopman（2010）的研究又进一步将本国国内增加值的出口进行第二层次的分解。根据进口国对本国出口产品的使用目的不同，可以将本国增加值的出口分解为，用于国外最终产品消费的本国增加值和用于国外中间产品消费的本国增加值两部分。国外对中间产品进行再加工后一部分用于国内消费，另一部分则用于出口，出口目的地可能是本国或者第三国。所以，最终本国增加值出口可以分解为四个部分，用于国外最终产品消费的本国增加值、用于进口商生产本国最终消费品的中间品中含有的本国增加值、用于进口商再生产后出口到第三国的中间品中含有的本国增加值、用于进口商在生产后出口到本国的中间品中的本国增加值。下表对 Koopman 研究中对贸易中本国增加值的分解进行了直观的展示：

表 2 -1　Koopman 对出口中本国增加值的分解

增加值来源	增加值去向
进口中间品中含有的本国增加值	进口国最终产品消费 a
本国中间品中含有的本国增加值	进口国生产后供给国内消费 b
要素投入直接创造的国内增加值	进口国生产后出口给第三国 c
	进口国生产后出口给本国 d

资料来源：Koopman et al, 2010.

对比 Hummels 等（2001）与 Koopman 等（2010）对增加值的分解可以发现，Koopman 等（2010）将增加值分解得更为细化，针对进口国对于增加值的使用将本国增加值又进一步分为四个层次。其中第 a 个层次代表本国出口的最终产品中含有的本国增加值，而 b、c、d 三个层次则代表了本国出口的中间品中包括的本国增加值。根据 HIY 方法中对于 VS 的定义，对比上表中所展示的增加值去向一栏，可以发现 HIY 中的垂直专业化（出口中的别国中间品投入）即为其中的 c 和 d。HIY 研究中只考虑了产品加工后再次出口，却没有考虑产品复进口到本国的情况。通过 Koopman 等（2010）的研究可以发现一国出口贸易中本国的实际创造为“a + b + c”，而总量贸易统计中所包括的“国外增加值 + d”的部分则属于“重复计算”（Double Counting）。

Koopman 等（2010）的研究弥补了 Hummels 等（2001）的不足，因为 Hummels 等（2001）的研究并没有分析国内创造的直接价值增值部分，而只考虑垂直专业化部分。所以，Koopman 等（2010）的研究可以更好地分析价值链中一国出口中国内创造和贡献的价值，从而有利于直接反映一国在贸易中获得的真实收益。另一方面，通过将出口的进一步分解，可以更加细致地发现传统贸易统计数据中的“重复计算”部分，有助于推进双边多边的贸易流量和贸易失衡分析。

国外学者20世纪以来已经针对增加值贸易展开了较为丰富的研究，而国内学者在增加值贸易视角展开的研究却并不多见。总结近年来已有的文献主要集中在以下三个方面：

第一，梳理和评述增加值贸易领域的相关研究和统计框架，比较有代表性的是王岚①（2013）、贾怀勤②（2012）。此类研究主要对增加值贸易的概念和方法进行了简要的介绍。

第二，从增加值贸易的视角下重新测算中国的对外贸易额及双边的贸易差额。这类文献的研究重点在于剔除贸易流量中的国外增加值，只用本国增加值作为对外贸易的衡量指标。双边贸易差额的调整也用类似的方法，衡量双边贸易中每个国家自身创造的增加值贸易的差额。相关的研究有李昕③（2012，2013）和张咏华④（2013）等。张咏华（2013）利用增加值贸易的分析框架，基于WIOD数据库对中国制造业1995年至2009年的出口规模进行了重新核算。测算结果发现中国制造业的出口在增加值贸易测算方法下缩水了50%。同时也重新考察了中美双边贸易的状况，发现增加值贸易统计下双边贸易失衡也减少了46%。李昕、徐滇庆（2013）的研究利用了中国官方发布的投入产出表，重新研究了中国2007年的外贸依存度和外贸失衡度。研究结果发现利用增加值贸易核算方法中国的外贸依

---

① 王岚．全球价值链分工背景下的附加值贸易：框架、测度和应用［J］．经济评论，2013（3）．

② 贾怀勤．中国贸易统计如何应对全球化挑战？——将增加值引入贸易统计：改革还是改进？［J］．统计研究，2012（5）：10－15．

③ 李昕，徐滇庆．中国外贸依存度和失衡度的重新估算——全球价值链中的增加值［J］．中国社会科学，2013（1）．

④ 张咏华．中国制造业增加值出口与中美贸易失衡［J］．财经研究，2013，39（2）：15－25．

存度从68.02%下降到31.59%，同样地外贸失衡程度也从10.13%下降到2.11%。

第三，从企业层面考察中国企业在出口中创造的增加值状况，例如，张杰[①]（2013），高敏雪和葛金梅[②]（2013）等。

综上所述，国内学者针对增加值贸易的研究还不够丰富，仅有的一些研究也主要在借鉴使用国外的统计方法对中国出口贸易中的本国增加值进行核算，发现传统贸易统计法和增加值贸易统计法的不同。利用增加值贸易的视角分析分工地位和贸易利得的研究还比较少。

三、国际分工地位的相关研究

自国际分工出现以来，针对一国国际分工地位和在全球分工中模式的研究就出现了。本书这一部分主要总结国内对于中国国际分工地位的相关研究，从而发现已有研究的欠缺。另外还分析和总结了增加值贸易，如何改变了传统的国际分工研究，为本书后面几个部分的展开提供思路上的帮助。

（一）中国国际分工地位的衡量指标

一国的国际分工地位可以从多个角度进行评价。一方面可以从贸易层面研究一国参与贸易的产品、产业结构及在国际市场上的占有率等；另一方面也可以从竞争力的层面研究一国产业在国际市场上的竞争力状况，从另一个侧面研究该国在国际市场中的分工状况。国内学者的已有研究，从

① 张杰，陈志远，刘元春．中国出口国内附加值的测算与变化机制［J］．经济研究，2013（10）：124－137.

② 高敏雪，葛金梅．出口贸易增加值测算的微观基础［J］．统计研究，2013（10）：8－14.

传统贸易视角展开的较多，例如文东伟，冼国明[①]（2010）、毛日昇等（2006）利用市场份额构建衡量中国制造业国际竞争力的指标。类似的还有出口商品结构、国际市场占有率、进出口差额等方面的研究。本书对于传统的研究视角不再赘述，主要将近年来一些新的研究方向进行梳理：

1. 测算出口商品的技术含量

孟猛（2012）借鉴 Hausmann（2005）的方法，在考虑垂直专业化的影响下，将一国出口中的最终品作为研究对象，利用投入产出分离最终品中直接和间接进口的中间品的技术含量，从而得到最终品国内生产部分的技术含量。并通过发展趋势研究和国家之间的平行比对，得出中国在全球价值链中的分工地位状况。研究后发现中国出口的最终产品技术含量低于全部的技术含量，且国内含量的增长速度低于全部技术含量的增长速度，与其他国家对比后得出中国国内技术含量的增长速度低于其他国家，相对于世界先进水平仍然有差距。中国参与到国际分工中主要依靠的是低技术含量的“加工贸易”，在全球产业链中的分工地位依旧较低。

于津平、邓娟[②]（2014）也将出口技术含量作为一国国际分工地位的评价指标，利用了 Michaely（1984）的方法计算出口技术含量并通过姚阳、张晔（2008）的方法将进口中间品的技术进行剔除。研究结论认为中国参与垂直专业化提升了本国的国际分工地位，然而一般贸易和加工贸易却展现出完全不同的状况。一般贸易下垂直专业化对出口产品的技术含量有显著的促进作用；而加工贸易垂直专业化程度的提高则降低了中国出口产品的技术含量。

① 文东伟，冼国明．中国制造业的垂直专业化与出口增长［J］．经济学（季刊），2010（2）：467－494．

② 于津平，邓娟．垂直专业化、出口技术含量与全球价值链分工地位［J］．世界经济与政治论坛，2014（3）：44－62．

2. 研究出口产品价格

施炳展（2010）[①] 从价格层面出发，对比国家之间出口产品的价格，将价格视为国际分工地位的衡量指标。通过对中国出口产品的价格进行测度后得出结论，认为中国制造业出口的产品大都处于价值链的低端位置，并且随着产品的技术含量增加，中国的分工地位随之恶化。与之相似的研究还有胡昭玲、宋佳[②]（2013），也将研究视角放在产品价格的变化上，从产品和产品内两个层面，研究了中国制造业的国际分工地位。研究结果显示中国制造业的国际分工地位还偏低，但是加入世界贸易组织对地位提升有促进作用，且低技术产品的分工地位高于中高技术产品。胡昭玲、宋佳（2013）的研究中即通过计算中国出口产品的价格并与其他国家进行比对后得出结论，认为入世前后中国的国际分工地位经历的 U 型的变化，入世对于提高中国的国际分工地位有积极的作用。然而在与其他国家的出口产品价格进行比对后发现，中国与美国、日本等样本国相比仍存在较大的差距，地位还偏低。

3. 研究出口复杂度

邱斌等（2012）[③] 的研究利用了出口复杂度指数（ESI），将该指数作为国际分工地位的体现。研究结果显示，2001 年至 2009 年中国 24 个制造业行业的国际分工地位在全球生产网络的推动下有提升，但是存在行业差异性。技术密集型行业的提升作用明显，而劳动密集型和资本密集型行业的提升作用则不明显。

但是，无论是施炳展（2010），胡昭玲、宋佳（2013）还是邱斌等

① 施炳展．中国出口产品的国际分工地位研究——基于产品内分工的视角［J］．世界经济研究，2010（1）：56－62.

② 胡昭玲，宋佳．基于出口价格的中国国际分工地位研究［J］．国际贸易问题，2013（3）：15－25.

③ 邱斌，叶龙凤，孙少勤．参与全球生产网络对我国制造业价值链提升影响的实证研究——基于出口复杂度的分析［J］．中国工业经济，2012（1）：57－67.

(2012)的研究在数据使用上都采用的是传统的贸易总量统计数据，正如之前指出的总量统计数据由于存在“重复统计”，不可避免地导致研究中的误差。产品内分工的深化及大规模中间品贸易的出现导致传统的贸易总量统计方法不再有效。增加值视角下分析中国的分工地位和产品的增值结构更为合理。

4. 研究增加值

黄先海、杨高举[①]（2010）的研究利用非竞争型投入产出模型，构建加权的增加值指数用于反映中国的获益能力，分析了中国高技术产业的国际分工地位。研究结果显示中国高技术产业的国际分工地位因为中国劳动生产率的提升而快速提高，但是与发达国家相比差距依旧较大。与之类似的还有郭晶、赵越（2012）的研究，通过构建“完全国内增加值率”指标衡量一国高技术产业的国际分工地位。但是却得出与黄先海等人的研究不同的结论，认为中国高技术产业的国际分工地位不仅远远低于发达国家水平，同时在1995年至2005年期间出现明显的下滑。但是由于此类研究尚处于起步阶段，研究数量并不是很多。

（二）增加值贸易对国际分工地位研究的改变

现阶段，国内利用增加值贸易视角的研究文献并不多见，仅有的少量研究一般也是针对具体企业的个案研究或者是利用增加值贸易视角研究贸易利益。对于增加值贸易状况与一国国际分工地位的相关性研究还远不够深入。本书试图改善这一研究状况，从中国制造业的贸易和分工状况出发，探索增加值贸易与国际分工地位之间的关系和影响路径，希望可以丰富已有的增加值贸易研究。

总结来看，垂直专业化分工背景下，增加值贸易研究方法从三个方面

① 黄先海，杨高举．中国高技术产品的国际分工地位研究：基于非竞争型投入占用产出模型的跨国分析［J］．世界经济，2010（5）：82－100.

改变了传统的国际分工和国际贸易研究：

第一，研究边界从产业变为生产环节。传统的分工状况下对国际分工的研究以产业为边界，探索每个国家专业化生产并参与国际贸易的产业，从而进一步考察一国在全球经济中扮演的角色、所处的地位和所获得的贸易收益等问题。然而，随着产业和产品的国家属性“模糊化”，全球价值链生产模式的出现使得当前国际分工的研究边界，从产业变为生产环节。增加值贸易的研究方法也从这一研究边界出发，为新形势下国际分工的研究提供了方法和数据上的帮助。

第二，研究内容从贸易流转变为价值流。传统的对于国际分工的研究，其研究内容主要集中在贸易流量的探讨。分析贸易流量的大小和方向及国家之间贸易差额的大小是国际分工研究的核心内容。全球价值链下，对于国际分工的探索需要从贸易流量的层面继续深入，考察商品流转背后价值的流动。这种研究内容的深化是由当前国际分工的状况决定的。垂直专业化分工下，贸易流量只是表象，很难体现一国真实的国际贸易和国际分工状况。只有将贸易流进行价值流的分解，通过产品生产过程中价值增加和流转才能真正考察一国的实际创造及该国在国际分工中的真实状况。

第三，国际分工地位的体现方式发生变化。传统的对于国际分工地位的研究大都通过贸易总量、进出口商品结构、技术复杂度、出口产品价格等因素进行衡量。以上评价指标在产业间、产业内分工为主的国际分工背景下可以对一国的国际分工地位进行较为准确的评判。但是，垂直专业化下产品的生产不再是由一国独立完成，这就导致传统的进出口总量、进出口商品等指标不能继续衡量国际分工地位。出口产品总量大且商品结构中高技术产品出口更多，并不能意味着该国家具有很高的国际分工地位。相反，出现此类对外贸易情形下的国家却有可能是依靠低端加工组装参与到国际分工中的，也就是说分工地位很低。在这种情况下，要想对一国的国际分工地位进行准确的衡量，需要分析不同国家在产品生产中占有的生产环节，并研究该生产环节给该国带来的贸易收益，也就是所谓的增加值贸易的概念。

综上所述，本章首先对文中的几个关键概念如全球价值链、垂直专业化及增加值贸易进行了界定，然后梳理了垂直专业化、增加值贸易和中国国际分工地位等领域的已有研究，并对垂直专业化背景下，增加值贸易在哪些方面改变了对国际分工地位的研究进行了简要的总结。

第三章 全球价值链下分工基础和分工模式的理论分析

一、全球价值链下分工的基础和动因

国际分工理论主要探索国际分工及国际贸易出现的原因、贸易利益的分配及贸易格局的变化等内容。发展至今，国际分工理论经历了古典阶段、新古典阶段和新贸易理论阶段、产品内分工理论等主要的发展时期。如果从亚当·斯密《国富论》提出绝对优势理论开始计算，国际分工理论的发展已经有200多年的历史了。不同的生产力状况下，国际分工和国际贸易表现为不同的发展形式，体现在分工理论上就是不同时期分工理论的出发点和关注点有所不同。古典阶段的国际分工理论主要专注于解释国家与国家之间在产业上的不同分工，解释其存在的原因和产生的影响，致力于解释国际分工和国际贸易对全球经济的促进作用和“双赢”的特点。新古典贸易理论在传统的古典贸易理论基础上，通过理论前提假设的放松，将理论推向一般化。新贸易理论时期的国际分工则面临着全新的贸易格局，国家之间出现的产业内的贸易，需要有新的理论对其进行解释和剖析。随着国际分工发展到当代，新型的产品内分工出现，传统的贸易理论又得到了进一步的发展。

（一）全球价值链分工背景下的比较优势理论

古典国际分工理论阶段从1776年亚当·斯密提出绝对优势理论开始，发展到1817年大卫·李嘉图提出比较优势理论。新古典贸易理论则以20世纪30年代赫克歇尔和俄林提出的要素禀赋理论为代表。古典和新古典的国际分工理论建立在资本主义发展初期阶段，主要的国际分工形式为产业间分工，即国家与国家之间通过不同的产业进行专业化分工。产业间这种分工形式在宗主国与殖民地、半殖民地国家之间，工业发达国家与初级产品生产国之间得到充分的发展。古典和新古典贸易理论对产业间贸易出现的原因和影响进行了不同角度的分析。

1. 亚当·斯密的绝对优势理论

亚当·斯密将其分工理论拓展到国际领域，创立了绝对优势理论。通过充分的论证得出结论认为一个国家应该集中生产其具有绝对优势的产品并进行出口，而进口其具有绝对劣势的产品，这种分工模式既可以提高本国的生产效率又可以通过贸易提高全世界的福利。其理论指出国际分工出现的根本原因在于各国之间劳动生产率的绝对差异，同时还指出劳动生产率绝对差异出现的原因。亚当·斯密认为一个国家在生产某种产品的绝对优势的原因是其具备生产该产品的有利的生产条件。而生产条件主要表现在两个方面：一是先天的优势，即该国在自然禀赋方面的优势，如拥有较多的自然资源、土地、矿产品等；二是后天具备的优势，即该国通过后天的培养和人工效率的提升所具备的生产优势。一国只要具备了以上优势中的一个即可以保证其生产成本绝对低于其他国家，在这一前提下进行国家与国家之间的分工可以实现双赢。

绝对优势理论的提出对于国际贸易和国际分工理论的发展具有划时代的意义。该理论运用劳动价值论对国际分工产生的原因和国际分工的影响进行了较为透彻的剖析，第一次论证了国际分工和国际贸易“双赢”的特征，对于反对当时的重商主义提供了充分的理论支持，同时极大地促进了国际贸易的发展和生产力的进步。当前国家与国家之间处理贸易关系，依旧将其看作是一个“双赢”的游戏，通过互相之间的协调，实现共同的发展和进步。

但是，绝对优势理论将国家之间生产率的绝对差异作为分析前提，肯定是不全面的，并不能完全解释现实生活中的国际贸易状况。另一方面，这一理论用完全静态的视角考察国际分工和贸易，并没有将绝对优势的来源作为理论分析的重点。

2. 大卫·李嘉图的比较优势理论

大卫·李嘉图的比较优势理论在亚当·斯密绝对优势理论的基础上进一步发展，提出国家与国家之间的分工不一定需要存在绝对的生产率差异，国际分工是在相对差异的基础上产生的。每个国家集中生产其具有比较优势的产品并进行出口，而进口自身存在比较劣势的产品，这种国际分工模式既可以提高本国的福利还可以通过贸易提升全世界的福利。这一理论思想可以总结为一句俗语，即“两利相权取其重，两害相权取其轻”。比较优势学说的提出标志着国际贸易总体系的建立，萨缪尔森也称大卫·李嘉图的比较优势理论是“国际贸易不可撼动的基础”。

比较优势理论解释了绝对优势理论所难以说明的一种状况，即在两国两商品的贸易模型中，当一国在两种商品生产上都具有绝对优势，而另一国在两种商品上都具有绝对的生产劣势时，分工和贸易是否还会存在。大卫·李嘉图认为在这种状况下，只要两个国家生产每种产品的机会成本不同，也就是比较优势不同即可以出现分工和贸易。这就将绝对优势理论进行了更加一般化和普遍化的推广，有利于理论的广泛化应用并解释更多的国际贸易状况。比较优势理论证实了一个国家不论处于何种生产力发展阶段，拥有怎样的技术水平，都有机会参与到国际市场和国际贸易中，并从中获利。这一结论的提出，对于整个国际贸易和国际分工的进步起到巨大的推动作用。之后的许多经济学家提出的贸易和分工理论也都是在比较优势理论的基础上进一步发展得出的。

然而，比较优势理论依旧存在几点不足。一方面，无论是绝对优势理论还是比较优势理论，其结论都是在一系列较为严格的假设下得出的。例如，两个国家、两个产品、一种要素、市场完全竞争等。对以上任何一项前提假设的否定都会导致原有理论不再适用。这种抽象的归纳方法是当时的理论状况决定的，也是得出核心观点所必经的发展阶段。但随着生产状况和贸易局势更加复杂，经典的贸易理论需要进一步的发展和改进。另一方面，用静态的眼光看国际分工和国际贸易，必然是会出现问题的。按照大卫·李嘉图的观点，一国只要寻找该国所具有的比较优势然后集中生产，参与分工就可以获得贸易收益。但是不论生产力还是分工模式都是一个运动、发展的过程，只关注当下的比较优势而不考虑整个国家未来整体的贸易发展布局，不注重培养一国长远的比较优势和国际竞争力，对国家发展和进步都是不利的。

3. 垂直专业化分工背景下比较优势理论的改进

大卫·李嘉图发展了亚当·斯密的绝对优势理论，提出了具有更广泛指导意义的比较优势理论。比较优势理论通过建立一个基础性的包括两个国家、两种产品和一种生产要素的理论分析模型，在两国存在生产效率比较差异的前提假设下，解释了国际分工产生的原因和分工的意义。在此之后 Dornbusch 等（1977）① 在其研究中又将李嘉图的基础分析模型进行了扩展，将产品数量由两种扩展为多种，进一步增强了李嘉图模型的解释能力。

随着国际生产模式发展为全球价值链组织模式，产品的生产环节被分割在不同国家进行。在利用传统的分析模型解释现实问题之前，需要将原模型中对于产品的假定进行调整。本书借鉴 HIY（2001）② 的研究方法，将李嘉图模型扩展应用到全球价值链下的国际分工状况中，以期得到有效的研究结论。

延续 Dornbusch 等（1977）中的模型设定方法，假定模型中有 2 个国家；使用 1 种生产要素：劳动；生产单位值上的连续商品集，即商品 $z \in [0, 1]$；每个国家都有能力生产所有的商品类别；且每种商品的生产都要经过两步。假设第一个生产环节的总产出为 $Y_1(z)$，$z \in [0, 1]$；第二个生

① Dornbusch, Rudiger, Stanley Fischer and Paul Samuelson, Comparative Advantage, Trade and Payments in a Ricardian Model with a Continuum of Goods [J]. American Economic Review, 1977, 67: 823 - 839.

② David Hummels, Jun Ishii, Kei - Mu Yi, The Nature and Growth of Vertical Specialization in World Trade [J]. Journal of International Economics 54: 75 - 96.

产环节将第一个环节的产出作为中间产品，并投入劳动从而生产出最终产品 $Y(z)$。假设两个生产环节都是固定投入比例的生产函数，也就是里昂惕夫生产函数，并且每个环节都有固定的劳动要素投入量。假设本国在产品的第一和第二个生产环节所需要的单位产品劳动投入分别为 $a_1(z)$，$a_2(z)$，$z\in[0, 1]$；国外需要的劳动投入则表示为 $a_1^*(z)$，$a_2^*(z)$，$z\in[0, 1]$。用 $A_1(z)=a_1^*(z)/a_1(z)$ 和 $A_2(z)=a_2^*(z)/a_2(z)$ 分别表示第一个生产环节和第二个生产环节的国内外相对要素需求比。此时任何一种商品的生产按照每个环节在国内还是国外，会出现以下四种不同的组织方式：

HH：本国生产第一环节和第二环节

HF：本国生产第一环节，国外生产第二环节

FH：国外生产第一环节，本国生产第二环节

FF：国外生产第一环节和第二环节

可以发现在 HH 和 FF 的两种生产模式下并不存在垂直专业化分工，此时的国际分工模式与传统意义上李嘉图所研究的国际分工并无差异。我们所谓的垂直专业化分工，体现在 HF 和 FH 两种生产模式中，即存在一国进口别国中间品用于生产本国出口的最终产品。

假设两国的劳动力价格分别为 w 和 w^*，在不存在关税和其他交易成本的前提下，如果产品 z 的生产使用 HF 这种生产模式，需要满足以下条件：

$$wa_1(z)+w^*a_2^*(z)<wa_1(z)+wa_2(z)(HH) \tag{3.1}$$

$$wa_1(z)+w^*a_2^*(z)<w^*a_1^*(z)+wa_2(z)(FH) \tag{3.2}$$

$$wa_1(z)+w^*a_2^*(z)<w^*a_1^*(z)+w^*a_2^*(z)(FF) \tag{3.3}$$

以上条件保证了对于 z 这种商品，HF 这种生产方式，即第一环节安排在国内而第二个环节安排在国外的生产组织形式是成本最低的。在不损失普遍性的条件下，我们将[0, 1]范围内的所有产品按照本国比较优势逐渐下降进行重新排序，也就是说按照 $A'_1(z)<0$ 的顺序排列。随着 z 值的增加，本国在第一个环节生产上的比较优势逐渐下降。而对于第二个生产环

节，我们研究两种特殊情况：

（1）若第二个环节生产成本比率的变化趋势与第一环节相同，即$A'_2(z)<0$时。也就是说随着产品从0到1的变化，本国在第二个环节生产上的比较优势也在逐渐下降。此时假设在产品生产的两个环节中，本国在第一个环节的生产上优势更明显。按照李嘉图的比较优势理论，该假设也就是说：$A_1(z)>A_2(z)$，$\forall z\in[0,1]$。将以上这种状况作图，如图3-1：

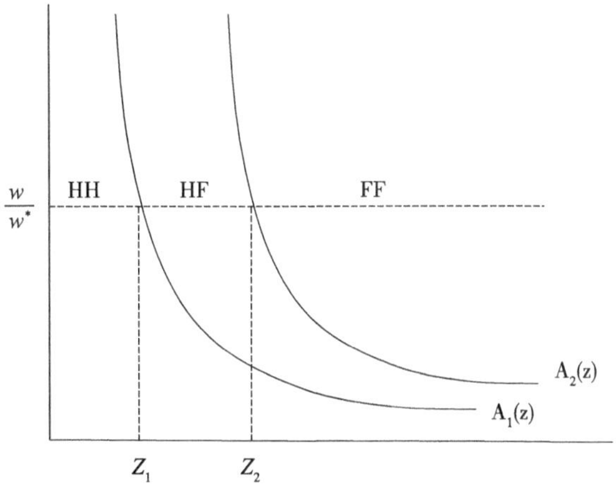

图3-1　比较优势理论在垂直专业化分工中的表现1

图3-1中可以看到均衡下的相对工资$\frac{w}{w^*}$会将[0，1]内的商品分为三个部分。其中z_1点为国内外相对工资和$A_2(z)$的交点，也就是说z_1点实现了$\frac{w}{w^*}=A_2(z)=\frac{a_2^*(z)}{a_2(z)}$。而$z_1$点左侧区域保证在国内进行第一个和第二个生产环节成本低于国外，此时应该选择HH的生产组织模式。同理，对于z_2点的右侧区域内的商品，不论是第一个还是第二个生产环节都因为在国外生产成本更低，所以应该采用FF的生产组织模式。z_1和z_2之间的区域，则应该采用HF的生产模式，也就是说第一环节在国内生产，第二环节在国外生产。这就是垂直专业化生产存在的区域。

（2）若第二个环节生产成本比率的变化趋势与第一个环节相反，即A'_2

$(z)>0$。此时，用同样的方法作图，如图3－2：

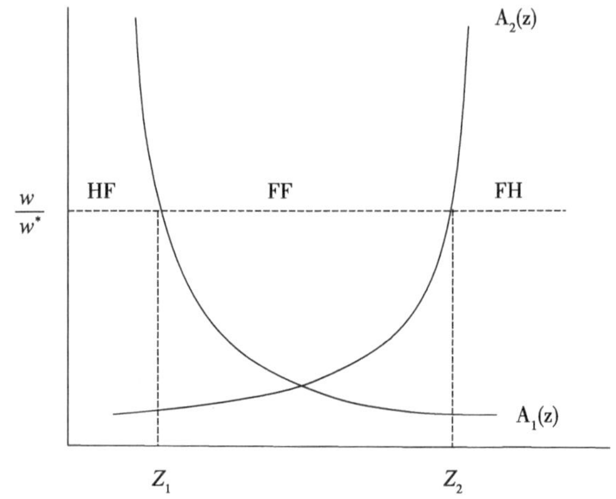

图3－2　比较优势理论在垂直专业化分工中的表现2

图3－2中可以看出均衡下的相对工资也会将[0，1]内的商品分为三个部分。不过此时三部分的分工状况与上述分析有所不同。z_1 左侧区域的分工规模为HF，z_2 右侧区域的分工模式为FH，而中间的区域则为FF。不同的相对工资会影响z_1 和z_2 之间的分工状况，有时中间的区域为FF分工，有时为HH，有时候该区域也可能不存在。总结来看，在这种情形下垂直专业化分工存在于左侧和右侧两个区域中，并且垂直专业化的形式有两种。对于HF这种形式来讲，本国的中间品出口被他国用于生产最终产品中的投入，这种垂直专业化的形式就是Hummels等（2001）论文中所提到的VS1的概念。相应的，对于FH这种形式，是本国使用他国中间品进行生产，也就是说本国出口中含有他国创造的价值，而这个就是Hummels等（2001）论文中所提到的VS的概念。

以上给出了两种特殊情况的分析，实际上$A_2(z)$的变化可能并不像上面两种情况一样呈现递增或递减的变化态势。但是，以上这种分析研究方法具有普遍的适用性，对于不同的情况下的$A_2(z)$都可以得出相应的分析结论。总结来看，根据以上分析我们可以得到推论如下。

推论1：国家之间在产品生产的不同环节上存在比较优势的差异是垂直专业化分工和全球价值链生产组织方式存在的基础。

推论2：在全球价值链的背景下，比较优势理论体现为产品生产环节上的分工，一国会在生产成本的约束下，集中生产自己具有比较优势的环节，从而参与到垂直专业化分工中。

（二）全球价值链背景下的要素禀赋理论

1. 赫克歇尔－俄林要素禀赋理论

新古典贸易理论则以20世纪30年代赫克歇尔和俄林提出的要素禀赋理论为代表。俄林继承和发展了赫克歇尔的思想，提出了结构完整的要素禀赋理论。理论指出国际分工和国际贸易出现的根本原因在于国家之间要素禀赋的不同，出现国际贸易的直接原因是商品的价格不同。根据要素禀赋理论的分析，一国应该集中生产密集使用该国丰裕要素的产品并出口，而进口密集使用该国稀缺要素的产品，这种分工模式有利于提高各国及世界的福利状况。

要素禀赋理论发展了原有的比较优势理论，利用要素禀赋这一分析视角更加深入地解释了比较优势存在的原因。在前提假设方面，要素禀赋理论与古典贸易理论不同，在假定国家之间的生产率相同且生产使用两种不同要素的基础上进行分析。另外，将产品按照密集度分为劳动密集型产品、资本密集型产品等不同类别。所以，按照要素禀赋理论分析，一个劳动力要素丰裕的国家应该集中生产劳动密集型产品然后出口，相对应地，资本要素丰裕的国家则应该生产并出口资本密集型产品。

要素禀赋理论从多方面提升了传统的国际分工理论，对于解释比较优势存在的原因，分析一国的贸易收益都有贡献。然而摒弃劳动价值论，只从价格和成本视角研究国际分工和贸易，在一定程度上又导致了国际分工理论的庸俗化。

古典和新古典贸易理论虽然在前提假设和研究视角上都有不同，但是其分析针对的都是传统的产业间分工。随着生产力水平的进步，国际分工的形式发生了诸多变化，产业内分工和产业内贸易出现了。所谓产业内分工是指国家之间的分工在同一产业内部展开，不同国家负责相同产业内的不同产品的生产。产业内贸易指一国对同一产业的产品既进口又出口的贸易形式。对于这一新型的分工和贸易形式，传统的分工理论难以得出让人信服的结论。

保罗·克鲁格曼在传统理论的基础上，构建了全新的贸易分析模型，提出了新贸易理论。理论在产品异质性、不完全竞争、规模经济的前提假设下进行分析，得出了一系列全新的研究结论。对于产业内贸易存在的原因，新贸易理论分别从产品存在异质性、消费者需求相似、规模经济等角度进行了分析，认为要素禀赋差异、规模经济的程度和垄断的状况共同导致了国际分工的存在。对于贸易利益的分配，新贸易理论不同意传统贸易理论提出的“双赢”的结果，新贸易理论认为在市场不完全竞争的状况下，一国利益可能由于参与国际贸易而受损。

新贸易理论根据不断发展变化的国际贸易形势，提出了对产业内贸易的解释，是对传统理论的继承和发展，也在一定程度上对传统的国际分工理论提出了挑战。

2. 垂直专业化分工背景下要素禀赋理论的改良

赫克歇尔和俄林将国际分工理论转向的多因素分析，放松了传统的比较理论中关于只有一种生产要素的假设。建立了一个涵盖两个国家、两种商品、两种生产要素的 H－O 理论分析模型，分析了要素禀赋不同对于国际分工模式的影响及国际分工的意义。本书借鉴经典的 H－O 理论模型，将其扩展到全球价值链环境下，以求解释当前国际分工背景下，H－O 理论的指导意义，并期待通过理论模型的分析得出有意义的研究结论。

经典的 H－O 理论中建立了一个有两种生产要素投入的 $2*2*2$ 模型，分析和解释了当国家之间的要素禀赋状况不同时的国际分工模式及分工的福利效应。借鉴传统的 H－O 理论及张咏华（2013）① 的研究方法，尝试建立一个 $2*n*2$ 模型。模型假定存在两个国家：本国和外国。两个国家的要素禀赋不同，本国是劳动力丰裕的国家，而外国是资本丰裕的国家。此时两国利用劳动（L）和资本（K）两种要素生产产品 X 的多个不同生产环节，假设 X 这种产品的生产需要经历连续的生产环节 n，令 $n \in [0, 1]$。完整的 X 生产需要经历从 $n=0$ 到 $n=1$ 整个生产过程，基于此可以将产品的生产环节分解为上游，即与 $n=0$ 相近的环节；及下游，即与 $n=1$ 相近的生产环节，而在 $n=1$ 之前生产环节生产的全部为 X 产品的中间产品。假设两国的要素同质，且不存在关税和其他交易成本。此时令本国的工资和利率分别为 w 和 r，相对应的，国外的工资和利率为 w^* 和 r^*。在第 $n+dn$ 的生产阶段，生产一单位的产出需要投入 n 阶段生产的一单位半成品及其他生产要素。假设此时本国的单位生产函数为 $f(w, r, n)dn$，最优的劳动和资本要素投入比为 f_w/f_r。相应的，在 $n+dn$ 的生产阶段，国外的单位产品生产函数为 $f(w^*, r^*, n)dn$。

在不失普遍性的情况下，我们假设 X 产品的生产环节可以进行重新排序。将 X 从 0 到 1 的所有生产环节，按照劳动密集度逐渐增加排序。也就是说：

$$\partial(f_w/f_r)/\partial n > 0 \tag{3.4}$$

此时会存在一个生产环节 n' 使得 $f(w, r, n') = f(w^*, r^*, n')$，也就是在 $n'+dn$ 的生产环节上，本国和外国的生产成本相同。此时本国和外国拥有同样的生产曲线，作图如下。若此时随着 n 的值逐渐上升，两国的单位生产曲线会顺时针转动，如图 3－3 所示的曲线部分。此时外国的生产成本一定会高于本国，可以得出结论，对于高于 n' 的生产环节由于外国的生产成本高，所以会安排在本国进行生产。

---

① 张咏华．中国制造业在国际垂直专业化体系中的地位－基于价值增值角度的分析［D］．南开大学，2013（11）：1－134.

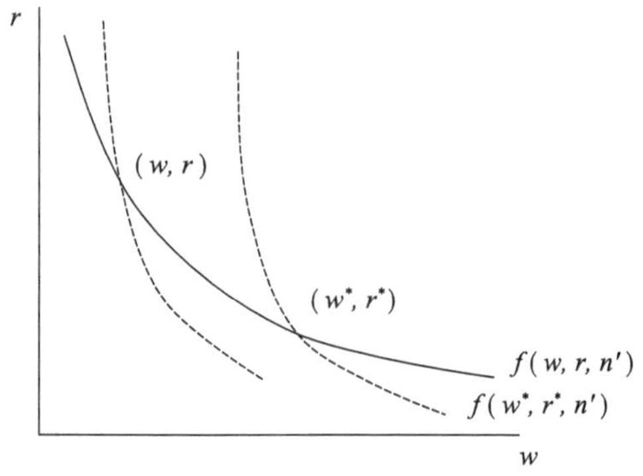

图 3－3　全球价值链分工中要素禀赋理论的表现

从而在产品 X 的生产上，外国的比较优势存在于[0，n']阶段，也就是资本密集程度较高的生产环节；而本国的比较优势为[n'，1]生产阶段，即劳动密集程度较高的生产环节。

通过改进的 H－O 理论分析，我们可以得出以下推论。

推论 3：H－O 理论在解释全球价值链下的垂直专业化分工中的表现为，劳动力资源丰裕的国家，负责产品生产中劳动密集型的环节；资本要素丰裕的国家，负责产品生产中资本密集型的环节。

（三）产品内分工理论

20 世纪 80 年来以来随着生产力水平的进步，分工也逐渐细化和模块化，加之贸易壁垒的削减及运输成本的降低，国际间展现出一种全新的分工模式。各国在同一产品的生产价值链上分别负责不同的生产环节，我们把这种国际分工模式叫作产品内分工。Feenstra（1998）把产品内分工称为“全球经济生产非一体化（disintegration of production in the global economy)”。产品内分工模式的出现，使得国家之间的中间品贸易大量增加，同时这一新型的国际分工形式也改变了当今的国际贸易模式，将传统的产品贸易转变为“任务贸易（trade in tasks)”。苹果手机和波音飞机等产品经常被认为是产品内分工的代表，在以上产品的生产过程中，不同的国家企业负责产品的研发、原材料的供给、零部件和半成品的生产、加工组装、市场销售等环节，原材料和半成品要经历多次的进口和出口才能完成最终的产品生产走向市场。产品内分工的出现和迅速发展也彻底改变了原有国际分工理论的分析基础。

产品内分工理论在分析时继承和发展了传统的比较优势理论和要素禀赋理论，借鉴了原有的研究体式，对国际分工和贸易出现的原因、贸易模式、贸易利益等都进行了研究。例如，Dixit 和 Grossman（1982）建立理论模型研究了多区段生产系统如何在不同国家进行工序方面的分配并分析了关税等政策的变化对这类国际分工模式的影响。Jones 和 Kierzkowski（1990）认为比较优势因素和规模报酬递增因素对“零散化生产（fragmented production）”有推动作用。也就是说对于产品内分工出现的原因，产品内分工理论认为基本原因依旧是比较优势的不同。与大卫·李嘉图的分析视角不同的是，从产品的研究视角转变为研究产品生产的不同阶段。同时借鉴了赫克歇尔－俄林的要素禀赋理论，在分析为何不同生产环节会选择在不同国家进行定位时，利用不同国家的要素禀赋不同且不同生产环节的要素密集度不同来进行解释。各个国家要按照自身的要素禀赋来嵌入产品的生产链条，技术要素丰裕的国家应该集中于产品的研发和技术密集度较高的半成品生产环节，资本要素丰裕的国家应该集中生产资本密集度较高的零部件和半成品，劳动力资源丰富且成本较低的国家应该选择劳动力密集的加工组装环节进行集中化生产。通过产品内分工可以有效地提高各国的生产效率，从而节省整个产品生产的成本，提升各国福利水平。另一方面，产品内分工还可以进一步提升内部的规模经济，通过每个环节的集中专业化生产，各环节生产规模的扩大从而降低成本实现规模经济。

对产品内分工的研究进行梳理后可以发现，对这一新型分工模式和贸易状况的研究并没有形成系统的理论。只是一系列对产品内分工概念、影响因素、经济效应等主题进行的零散的研究，在理论层面还有较大的发展空间。国内在分析模型和理论探索方面作出积极尝试的是卢锋（2004），正如他在文中指出的，“从目前情况看，对产品内分工问题还缺乏系统性的研究，有关分析在相关学科教科书介绍的主流性中几乎没有得到反应，经济学基本理论对这一现象尚未给以足够重视”。产品内分工理论的建立和发展还有很长的路要走。

在全新的国际分工模式下，原有针对国际分工、各国分工角色、地位等问题的研究需要进行重新思考。传统研究在产业间和产业内分工模式的基础上，对于国际分工的研究从产业和产品视角进行。分析各国参与到贸易中的产业和产品，其中主要出口的是什么并分析对应的进口，即可以较为直观地反映出一国的贸易模式和在国际分工中的参与状况。再将产业和产品进行深入的分析，关于要素密集度和技术含量等，从而可以得出较为准确的结论。比如，若一国主要出口产品多为劳动密集型，包括纺织品、手工制品等；而主要进口的产品却多为技术密集型产品，包括精密仪器、电子产品等。对这一贸易状况进行较浅层次的分析，就可以得出该国在国际分工中的地位较为低下，因为劳动密集型产品价格低、整体附加值较低且利润率较低；而技术密集型产品则相应价格较高、整体附加值高且利润率较高。更深入的研究则可以从贸易条件、产品价格等细节进行进一步的研究，得出有效结论。然而，产品内分工的现状致使传统的研究方法无法继续得出可靠有效的结论，研究各国之间的国际分工需要从产业和产品的层面转变为生产环节和生产任务层面。

二、全球价值链下分工模式的理论基础

（一）全球价值链理论的产生与发展

随着经济全球化的发展及国际分工的革新，学者们对国际分工和国际贸易的研究得到进一步深化。全球价值链理论的产生根源于 20 世纪 80 年代提出和发展起来的价值链理论，迈克尔·波特教授最早提出的“价值

链”的概念。波特在《竞争优势》一书中提出“价值链”的概念，指出“每一个企业都是在设计、生产、销售、发送和辅助其产品的过程中进行种种活动的集合体，这些互不相同但又相互关联的生产经营活动，构成了一个创造价值的动态过程即价值链（Value Chain）。”波特的理论指出在当前的生产环境下，每个企业都不再是一个完全独立的个体，而是成为综合性网络型生产结构的一个组成部分，这一网络结构中既涵盖不同类别的产品生产商、供应商，还有各类的分销商和消费者。价值链概念的提出，一方面有助于分析了企业内部生产最终产品的整个价值增值过程，另一方面也有利于分析企业与企业之间通过一条价值链进行分工协作的生产模式。企业之间的竞争转变为价值链的竞争，谁可以占据竞争力水平高、附加价值高的价值链即拥有了在当前生产状况下获得高额利润的重要砝码。波特提出的“价值链”为之后“全球价值链”概念的提出提供了有效的理论支撑。

寇加特（Kogut）用价值链的概念分析国际战略优势，指出一国的国际战略是由国家的比较优势和企业的竞争力优势共同决定的。从国家层面看，一国的比较优势决定了该国可以在哪些价值链上寻找自身定位，不同生产力发展状况下的国家在价值链各环节上的分工是完全不同的。从企业层面看，不同的资源占有及不同的竞争力状况决定企业在价值链上所处的分工地位不同，承担的生产任务也必然不会相同。寇加特的理论将波特的价值链概念进一步深化，既研究生产价值链的垂直化分工，又谈到产品生产的全球化定位，对全球价值链理论的提出有重要的作用。

格里芬（Gereffi）提出了全球价值链（Global Value Chain）的概念，从企业全球化生产组织模式出发，用网络化和动态化的视角分析了产业链中的价值在哪里、分别由谁创造、如何分配。全球价值链概念的提出与国际分工发展到产品内分工阶段的背景分不开，用于表达的是与产品内分工相对应的产品生产概念。

联合国工业发展组织（UNIDO）提出了较为完整的全球价值链的定

义，指出“全球价值链是指为实现商品或服务价值而连接生产、销售、回收处理等过程的全球性跨企业网络组织，涉及从原料采购和运输，半成品和成品的生产和分销，直至最终消费和回收处理的整个过程。包括所有参与者和生产销售等活动的组织及其价值、利润分配，当前散布于全球的处于价值链上的企业进行着从设计、产品开发、生产制造、营销、交货、消费、售后服务、最后循环利用等各种增值活动”。总结来看，全球价值链就是指产品生产的不同环节从设计研发、原材料采集、半成品生产、加工组装、市场销售到最终的售后服务全部联系起来，成为一条价值逐渐增长的链条。

（二）全球价值链与跨国企业全球化经营

跨国公司的出现和其全球化的经营战略，彻底改变了传统国际分工和国际贸易的本质和形态。所谓跨国公司，即由两个或两个以上的国家参与，从事产品生产、销售等经营活动的综合性国际化大型企业。20 世纪 90 年代以来，跨国公司的全球化经营战略，使垂直专业化分工成为国际贸易理论的研究热点，也将全球价值链的理论发展到全新的高度。

随着贸易壁垒的逐步削减及交通运输成本的大幅降低，产品生产各环节不再需要锁定在一国内部，在不同国家进行生产布局具备了充分的可能性。产品内分工和全球价值链的概念在跨国公司全球化经营的基础上得到了更为充分的发展。国际分工的形式更多地表现为企业与企业之间的分工，而不再是传统分工模式中国家与国家之间的分工。全球价值链的生产模式中，最突出的特点就是跨国公司成为国际分工中的最主要微观主体和主导力量。通过跨国公司的全球化经营，最终实现产品生产的全球价值链的全部环节优化配置。在区位安排上，跨国公司按照不同国家的比较优势及要素禀赋选择不同的生产环节进行分配，通过控制高附加值的生产环节而将其他生产任务进行外包实现成本最优化和利润的最大化。

邓宁在国际生产折衷理论中指出，企业若想进行全球化跨国经营应该同时具备所有权优势、内部化优势和区位优势。任何一项前提条件的变化都会导致适合企业经营模式的变化，而只有在三种优势条件的综合作用下才可以保证企业跨国经营战略的开展。海默的垄断优势理论则从市场竞争不完全和存在垄断优势的前提假设下指出，一国企业可能在国内获得垄断优势，并通过对外直接投资将该种垄断优势推向国际市场。巴克利在科斯产权理论基础上提出内部化理论，理论指出在存在不完全竞争且交易成本较高时，跨国公司可以通过对外直接投资的方式将外部市场内部化，从而降低交易成本实现利润的提升。传统的跨国公司经营理论已经在多个视角解释了跨国公司对外直接投资的前提条件和可能产生的作用和影响。在当前经济的发展阶段，随着生产外包的普遍推广，跨国公司的全球化经营模式也在发生变化。除了对外直接投资将当地要素、资源、市场进行内部化的经营模式以外，还可以将价值链不同环节的任务外包给其他国家的企业，通过控制价值链中的核心关键环节，操纵整个价值链生产。跨国公司开始扮演全球价值链的“链主”的角色，获得最高的生产附加值，而其他国家的企业则作为全球价值链的参与者获得其他环节价值链的利益分成。

（三）全球价值链与贸易利益

传统的国际分工模式下，衡量一国贸易利益或国际贸易收入可以直接通过衡量该国出口产品的数量和价值的方式进行。然而，随着国际分工由传统的产业间分工、产业内分工，发展到当前以全球价值链为核心的产品内分工，对于一国国际分工的地位的研究不再将研究视角局限在产业的要素密集度、进出口产品的品种和价格等，而是转向研究一件产品的总价值中不同国家的贡献程度。在同一条价值链上的不同环节对于一件产品生产的贡献程度是不同的，每个环节所涵盖的附加值也是不同的，所以对于负责的企业来说位于价值链的哪一环节与自身在全球链中的收益是直接挂钩的。在全球价值链的分工模式下，就会出现不同国家和地区之间的贸易利得分配存在非均衡性。在这一发展背景下，微笑曲线理论得以提出，理论对全球价值链上不同环节的附加值进行了较为直观的展示。

微笑曲线理论是由宏碁创始人施振荣先生于1992年创立的，理论通过一条类似微笑形状的曲线展示出了附加值与产业链条不同环节之间的关系。产业链条的上游主要包括研发、设计等环节，其附加值较高；位于产业链下游的市场营销和售后服务环节，也是附加值比较高的环节；然而，产品的加工组装环节则是产业链上附加值最低的环节。微笑曲线理论比较直观地展示出了生产环节和附加价值之间的关系。通过这一理论的应用，我们可以比较粗线条地预见一国创造的附加值状况。某一产品生产或产业链里，如果一国主要负责技术含量较高的产品研发和设计，或者作为产品品牌的拥有者可以垄断产品的销售和营销渠道，那么该国必然在该价值链中创造的附加值较高，可以获得较多的要素报酬。相反，如果一国在某一价值链中主要负责劳动密集度较高的产品生产或加工组装环节，该国在整个价值链中创造的附加价值就会比较低。另一方面，决定一国在微笑曲线上位置的因素，依然是该国的比较优势和要素禀赋。一国如果在技术创新上具有比较优势或者技术要素较为丰裕，那么在微笑曲线上该国的分工地位就会处于高位。然而，假设一国的劳动力资源较为丰裕，则该国可能就会从事产品加工组装等附加值较低的生产环节，使得该国处在微笑曲线的底端。

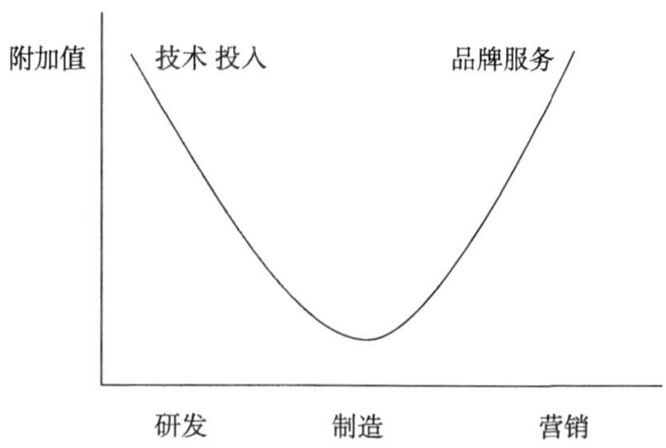

图3-4　微笑曲线理论模型

然而，微笑曲线并不能完全展示出价值链环节与附加值之间的实际关系，以上结论的得出也显得较为粗糙，并不够严谨。比如，不同要素密集度的产业，其生产环节与附加值之间的关系可能并不像微笑曲线所展示的那样，不同环节附加值可能并没有如此大的差距。举个例子来说，纺织品行业或者衣帽制造行业，基本上被划归为劳动密集型产业。除了一些特殊商品，这类行业中的产品技术含量并不是很高，另一方面，假设企业的品牌也并没有什么国际竞争力，这种假设基本符合中国企业的实际情况，那么产品生产链下游的分销环节也不会带来太大的附加值。在以上两点假设前提下，该行业产品的附加值分布可能展现出比较平缓的趋势，而不像微笑曲线理论中展示出的那样存在巨大的差异。在这一点上可能还需要分行业进行进一步的研究。

另外，微笑曲线展示出的生产链条环节与增加值之间的对应关系并不能直接用于我们对于当前国际分工地位的研究中，因为我们对于增加值与国际分工地位之间的关系并没有得出明确的结论。所以首先我们要解答的问题是，增加值总量越大国际分工地位越高吗？增加值比重越高则国际分工地位越高吗？还是，增加值与国际分工地位之间存在更加复杂的对应关系？微笑曲线可以作为我们分析中的理论借鉴，以求对以上问题给出相应的解答。

（四）全球价值链与产业升级

产业升级的概念在全球价值链的引入后出现了多个角度的新变化。全球价值链的生产模式下，生产环节被细分并且在空间上出现了很大离散性。传统视角下的产业升级一般是指一国产业结构的优化升级及生产效率的提升等内容。在全球价值链的视角下，产业升级的概念发展成为几个不同的内容，例如对于尚未嵌入全球价值链的企业如何参与到价值链分工中，又或者已经嵌入到全球价值链的企业怎样提升自身在价值链中的地位并获得更多的分工收益，还有如何从某一低端产品的生产价值链跳到其他高技术含量且对上下游产业有更多带动性的产品价值链中等等。产业结构升级这一概念在全球价值链的基础上得到了全新的阐释，涵盖了比原来更为丰富的内容。具体的可以将全球价值链下的产业结构升级分为三个层面，即效率提升、环节提升、链条提升。

所谓效率提升是指，企业通过技术进步和生产效率提升的方式提高自身生产效率，在原有负责的生产环节中可以以更低的生产成本和更短的生产时间进行生产，从而获得比原来更高的生产收益。

环节提升是指，企业通过改变的自身竞争优势和要素配置，调整在全球价值链中的位置，向附加值更高的价值链上游转移。相应地将附加值低的环节进行转移或外包，从而提高自身在全球价值链分工中所获得收益。

链条提升是指，企业从技术含量低、综合附加值低的产品生产链条进行转移，而将其生产能力集中在技术水平较高、综合附加值较高、对上下游企业都有较好带动性的产品生产链条中。这种升级多表现为企业在不同产业之间的定位变化。

以上三种形式的产业升级中，效率提升和链条提升是传统的产业升级概念中涵盖的内容，涉及的主要是企业的行业定位和生产效率的提升，具体到国家层面即意味着通过有效方式提高该国技术创新水平和生产力水平，同时引导更多的生产能力转移到合适的产业生产中。然而，环节提升的内容是之前的产业升级所没有涉及的。在全球价值链的生产模式下，一国企业位于价值链上的不同位置即会给自身带来不同的贸易分工收益。所以，产业升级的概念也需要细化到产品生产环节，一国可以通过引导企业向价值链中的高附加值环节转移来实现该国产业升级的目的。

三、增加值贸易与国际分工：理论分析模型

国际分工模型的构建从古典贸易理论中的两个国家两种产品一种要素

投入，发展到新古典贸易理论两个国家两种产品两种要素投入，都得到了较好的分析效果，经典的贸易理论也得以提出。全球价值链下从增加值贸易研究国际分工，最基本的一项假设前提是产品要经过不止一个生产环节。所以，本书基于增加值贸易的视角，建立了较为合理的国际分工理论模型，帮助解释增加值贸易与当前的国际分工模式。

（一）简单模型 1

在理论模型的构建中，我们首先假设世界上存在三个国家（A 国、B 国、C 国），A 国自然资源丰富；B 国资本技术要素丰裕；C 国劳动要素丰裕。产品 X 的生产要经历三个生产工序，其中 1 为原材料供给、资源型生产环节；2 工序为资本和技术密集型环节；3 工序为劳动密集型环节。每个生产环节中所生产的半成品不可以用于直接消费。在思考过程中，也可以将三个环节看作三种产品来考察，其中 1 产品是 2 产品生产的投入品，2 产品是 3 产品生产的投入品，且三种产品只有 3 可以用于最终消费。以上两种分析思路均可以采用。根据经典的国际分工理论，形成了较为稳定的分工模式：1 产品由 A 国生产并出口；2 产品由 B 国生产并出口；3 产品由 C 国生产并出口。具体的贸易和分工状况如图 3－5 所示：

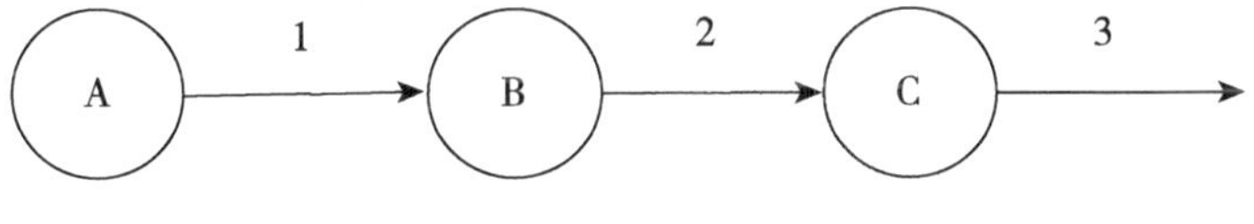

图 3－5　简单的垂直专业化分工模型

假设 1、2、3 三个生产环节符合基本的微笑曲线理论，即 1 环节创造的增加值高于 2 环节高于 3 环节，基于此对每个环节创造的增加值进行赋值后，对整个产品生产进行增加值层面的分解如表 3－1：

表 3－1　多国分环节生产的增加值贸易展示：数值举例

	1 产品研发	2 零部件生产	3 加工组装	贸易总值核算	增加值贸易核算	重复计算
A 国	50			50	50	0
B 国		50＋40＝90		90	40	50
C 国			90＋10＝100	100	10	90
合计				240	100	140

表 3－1 中可以看出在该产品生产过程中的三个环节所创造的增加值不同，每个国家在该产品价值链中的贡献不同。具体分析，A 国负责第一个环节的原材料供应，将 50 单位产品价值出口给 B 国；B 国在 50 单位原材料进口的基础上进行零部件和半成品的生产共创造 40 单位产品价值，使产品价值增加到 90 单位出口给 C 国；C 国通过加工组装将 90 单位半成品生产为 100 单位成品，共创造 10 单位的价值增值。以上假设符合基本的微笑曲线模型，即价值链上游环节附加值高，而加工组装是价值链中附加值最低的环节。在这种生产状况下，如果用传统的贸易总量统计方法，则 A 国出口 50 单位价值，B 国出口 90 单位，C 国出口 100 单位。而实际 B 国只创造 40 单位价值，C 国只创造 10 单位价值。可见，在垂直专业化分工的情况下，传统的贸易总量统计会出现很严重的“重复计算”和统计误差。表 3－1 中在最后两列中列出了增加值贸易统计下的各国出口额和“重复计算”的部分。

经过分析可以得出下列几个结论：

（1）全球价值链分工模式下，贸易总量统计会造成“重复计算”，而增加值贸易统计方法可以通过对产品价值的分解，解决这一问题。如果忽视“重复计算”部分，继续用贸易总量统计方法分析当前的国际分工和贸易问题，会造成统计和分析误差。模型中，贸易总量统计总计造成了 140 单位价值的重复计算，从而放大了价值链各参与国的贸易量和全球的贸易量。

（2）如果一国处在全球价值链的下游，则贸易总量统计会造成更大程度的“重复计算”该国出口中所包括的本国增加值就会越少，出口本国增加值率会越低。模型中总量统计下的 B 国贸易为其实际创造价值量的 2 倍左右，而位于下游的 C 国总量统计却造成了高达 9 倍的统计误差。

（3）对于一国国际分工地位的衡量，需要从增加值贸易入手。一产品生产链条中，负责高附加值环节的国家分工地位高于负责低附加值环节的国家。模型中 A 国和 B 国的分工地位就要高于 C 国。

（二）投入产出分析模型 2

在简单模型的分析中，假设前两个生产环节中所创造的产品不能用于最终消费，这就导致每个国家生产的半成品只能通过出口给其他国家进行下一步生产。下面的模型分析将这一假设逐渐放松，推出较为复杂的理论模型。

首先，假设 2 环节生产的产品可以用于直接消费也可以用于 3 环节的生产。三个国家依旧按照简单模型下的分工模式进行生产，国际贸易和分工模式如下图：

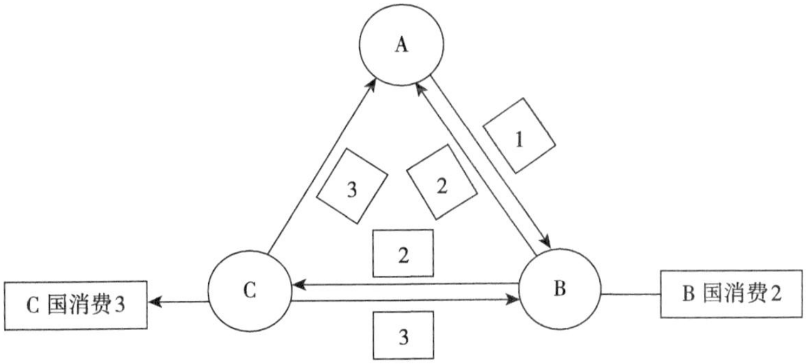

图 3－6　垂直专业化分工模型 2

同样对每个环节创造的增加值进行赋值后，利用简单的投入产出表对这一分工和贸易状况进行展示，如表 3－2 所示：

表 3-2 三国模型的投入产出表

		中间使用			最终使用		
		A	B	C	A	B	C
中间投入	A		a				
	B			β_4 (a+b)	β_1 (a+b)	β_2 (a+b)	β_3 (a+b)
	C				γ_1 {c+ β_4 (a+b)}	γ_2 {c+ β_4 (a+b)}	γ_3 {c+ β_4 (a+b)}
增加值		a	b	c			
总投入		a	a+b	c+β_4 (a+b)			

如表 3-2 中所示，A 国将 a 单位原材料直接投入国际贸易，出口给 B 国进行第 2 环节的生产。B 国创造 b 单位的增加值，从而生产出 a+b 单位的第 2 环节产品。B 国将 2 环节产品分别出口给 A 国作为最终消费，出口给 C 国作为最终消费和中间产品进行 3 环节生产。其中系数：β_1、β_2、β_3、β_4总和为 1。C 国进行第 3 环节生产，创造 c 单位的增加值。C 国最终生产的产品在三个国家间进行分配，其中系数γ_1、γ_2、γ_3总和为 1。

这一模型可以展示当前垂直专业化下国际分工和贸易的基本情况，对投入产出表进行分析后除了可以得出与简单模型相符的结论以外，还可以得到以下新的结论：

（1）利用贸易总量统计方法对进出口贸易差额进行计算会存在较大的误差。贸易总量统计方法没考虑到，各国出口产品中含有他国创造的价值，而进口的产品中则含有由本国创造的部分，所以统计结果必然存在较大的误差。如果采用增加值统计方法，则可以避免这一问题。通过计算一国出口的本国增加值和进口的他国增加值，可以得出真实的进出口的贸易差额。对于两种统计方法下的 C 国贸易状况如下表所示：

增加值贸易统计下的贸易差额与总量统计方法之间存在的统计偏差为：β_4（a+b）$-\gamma_3$c。根据微笑曲线理论，第 3 环节创造的附加值一般情况下低于之前两个环节，也就是说β_4（a+b）大于 c。所以，总量统计方法会对从事加工组装环节生产的价值链下游国家的贸易差额造成大幅度高估。

表3-3 总量统计和增加值贸易统计比对

	出口		进口		贸易差额	
	总量	本国增加值	总量	国外增加值	总量	增加值
C国	$(\gamma_1+\gamma_2)^*\{c+\beta_4(a+b)\}$	c	$\beta_3(a+b)$	$\beta_3(a+b)$	$(\gamma_1+\gamma_2)^*\{c+\beta_4(a+b)\}-\beta_3(a+b)$	$c-\beta_3(a+b)$

下面通过数值进行举例说明：

表3-4 三国模型的投入产出分析：数值举例

		中间使用			最终使用		
		A国	B国	C国	A国	B国	C国
中间投入	A国		50				
	B国			70	5	10	5
	C国				25	35	20
增加值		50	40	10			
总投入		50	90	80			

正如表3-4中展示的情况，如果采用贸易总量统计方法，B国出口为80单位，而其中只有40单位为自身创造。同样C国出口量为60单位，其中本国增加值仅有10单位。世界出口总额为190单位（50+80+60），而实际由各国创造的增加值总和仅为100单位。

表3-5 增加值统计和总值统计比对：数值举例

	出口		进口		贸易差额	
	总值	本国增加值	总值	国外增加值	总值	增加值方法
C国	60	7.5	5+70	75	-15	-67.5

表3-5中可以看出，总量统计方法大幅度低估了C国的贸易逆差。总结来看，传统的贸易总量统计方法会低估价值链上游国家的贸易差额，而高估价值链下游国家的贸易差额。

（2）增加值贸易视角下对国际分工地位的研究，不只要研究一国在全球贸易中参与的增加值量，还需要研究该国在上游国家和下游国家的生产中的贡献程度。

（三）增加值贸易从总贸易中的分解

Koopman 等（2008①，2010②，2014）在其一系列的研究中较为深入地剖析了如何通过分解传统贸易数据得出其中所包括的增加值贸易，学者们通常将其方法称之为 KPWW 研究方法。KPWW 研究法改善了 HIY 模型在研究中对于加工贸易及半成品投入的严格限制，从价值流层面将总出口按照价值的最终使用者进行了拆分，并从中发现增加值贸易和垂直专业化分工的本质。

KPWW 模型的构建从两国模型开始，后拓展到多国模型。下面就借鉴 KPWW 的研究方法对传统的贸易统计进行分割，进一步分析如何从传统贸易中将增加值贸易部分进行分解。并借鉴 Koopman 等（2010）论文中提到的全球价值链参与度和全球价值链地位指数，了解如何利用相关评价指数分析一国在全球价值链中的参与状况：

（1）两国模型

假设世界上只存在本国（i）和外国（j）两个国家，此时每个国家都可以生产 N 种有差异的可贸易品，并且每种产品既可以用作中间品投入也可以作为最终产品进行消费，每个国家都会出口中间品和最终产品给另外一个国家。通过以上假设，放松了原 HIY 模型中一国进口他国生产的中间品用于生产最终产品的假设。

对于两国来说，本国生产的总产出最终由本国和他国的消费者作为最终产品和中间品进行使用，可以得到以下公式：

---

① Koopman R，Wang Z，Wwi S J. How much of Chinese Exports is Really Made in China? Assessing Domestic Value - Added When Processing Trade is Pervasive [J]. NBER Working Paper，2008，No：14109.

② Koopman R，Wang Z，Wei S. Give Credit Where Credit is Due：Tracing Value Added in Global Production Chains [J]. NBER Working Paper，2010，No. 16426.

$$Y_i = A_{ii}Y_i + A_{ij}Y_j + F_{ii} + F_{ij} \quad i,j = 1,2 \tag{3.5}$$

其中，Y_i表示 i 国的总产出，是一个 $N \times 1$ 的向量，其中每一元素代表 i 国在该产业创造的总产出；F_{ii}为 i 国产出中被本国作为最终产品进行使用的部分，F_{ij}则表示 i 国生产的由 j 国作为最终产品使用的部分，两者都是 $N \times 1$ 的向量；A_{ii}表示 i 国的投入产出系数矩阵，A_{ij}表示 i 国生产的被 j 国用于中间投入的产品投入产出系数矩阵。公式表示 i 国生产的总产出最终由本国中间品、他国中间品、本国最终产品和他国最终产品构成。将以上公式改写成矩阵形式，如下：

$$\begin{bmatrix} Y_1 \\ Y_2 \end{bmatrix} = \begin{bmatrix} A_{11} & A_{12} \\ A_{21} & A_{22} \end{bmatrix} \begin{bmatrix} Y_1 \\ Y_2 \end{bmatrix} + \begin{bmatrix} F_{11} + F_{12} \\ F_{21} + F_{22} \end{bmatrix} \tag{3.6}$$

移项整理后可得：

$$\begin{bmatrix} Y_1 \\ Y_2 \end{bmatrix} = \begin{bmatrix} I - A_{11} & -A_{12} \\ -A_{21} & I - A_{22} \end{bmatrix}^{-1} \begin{bmatrix} F_{11} + F_{12} \\ F_{21} + F_{22} \end{bmatrix} = \begin{bmatrix} B_{11} & B_{12} \\ B_{21} & B_{22} \end{bmatrix} \begin{bmatrix} F_{11} + F_{12} \\ F_{21} + F_{22} \end{bmatrix} \tag{3.7}$$

公式 3.7 中，用了新的 $N \times N$ 矩阵 B_{ij}代替了原来的系数阵，此矩阵也就是投入产出理论中的里昂惕夫逆阵。矩阵 B_{ij} 中的元素表示，j 国最终产品消费增加一单位所需要的 i 国总产出的变化。

上述公式可以简写为：

$$Y = (I - A)^{-1}F = BF \tag{3.8}$$

其中 Y 和 F 为 $2N \times 1$ 的列向量，而 A 和 B 均为 $2N \times 2N$ 的矩阵。公式 3.8 通过里昂惕夫逆阵建立了最终产品和总产出之间的关系，对于之后的增加值的分解提供了有效的分析工具。我们之后的分析由两步组成：首先，将总产出中的本国和他国增加值进行分解；第二步，将该分解深入到贸易领域。

假设 V_i是 $1 \times N$ 的直接增加值系数向量，向量中每个要素表示在总产出中的直接本国增加值的份额，该值等于 1 减去总产出中中间品投入的份额。

$$V_i \equiv e(I - \sum_j A_{ji}) \tag{3.9}$$

其中 e 是 $1\times N$ 的单位向量，I 为 $N\times N$ 的单位阵。为了便于进行多国分析，定义 V 为 $2\times 2N$ 的两国直接增加值系数矩阵。

$$V\equiv\begin{bmatrix} V_1 & 0 \\ 0 & V_2 \end{bmatrix} \tag{3.10}$$

将以上直接增加值系数矩阵与里昂惕夫逆阵结合产生一个 $2\times 2N$ 的矩阵，我们称之为增加值份额矩阵 VAS：

$$VAS\equiv VB\equiv\begin{bmatrix} V_1B_{11} & V_1B_{12} \\ V_2B_{21} & V_2B_{22} \end{bmatrix} \tag{3.11}$$

VAS 阵中 V_1B_{11} 的每一列都代表着 1 国某一部门的产出中，由本国创造的增加值比重；V_2B_{21} 的每一列则表示在同一部分产出中，由 2 国创造的增加值部分。同理，V_1B_{12} 的每一列都代表 2 国某一部门产出中，由 1 国创造的增加值份额；V_2B_{22} 的每一列则代表了 2 国产出中由本国创造的部分。基于此，因为一国产出只能是本国创造和他国创造两种可能，所以：

$$V_1B_{11}+V_2B_{21}=V_1B_{12}+V_2B_{22}=e \tag{3.12}$$

VAS 矩阵为我们提供了将一国某行业产出和贸易分解为本国和进口两部分所需要的全部信息。为建立传统贸易数据和垂直专业化分工之间的关系，需要用到总出口（Gross Exports）的概念。假设 E_{ij} 表示 i 国到 j 国的总出口，是一个 $N\times 1$ 的向量。为了便于进行多国分析，同时定义 E_{i*} 表示 i 国出口到其他国家的产品总量，此时：

$$E_{i*}=\sum_{j\neq i}E_{ij}=\sum_j(A_{ij}Y_j+F_{ij}),i,j=1,2 \tag{3.13}$$

令矩阵 $E=\begin{bmatrix} E_{1*} & 0 \\ 0 & E_{2*} \end{bmatrix}$，是一个 $2N\times 2$ 的矩阵；

同时令矩阵 $\widehat{E}=\begin{bmatrix} diag\ (E_{1*}) & 0 \\ 0 & diag\ (E_{2*}) \end{bmatrix}$，一个 $2N\times 2N$ 的对角阵。

将增加值份额矩阵和出口矩阵结合在一起，可以推出一个 $2\times 2N$ 的矩阵 $VAS\_\ \widehat{E}$，用以研究部门层面增加值的来源。

$$VAS\_\widehat{E} \equiv VB\widehat{E} = \begin{bmatrix} V_1 B_{11} \widehat{E_1} & V_1 B_{12} \widehat{E_2} \\ V_2 B_{21} \widehat{E_1} & V_2 B_{22} \widehat{E_2} \end{bmatrix} \tag{3.14}$$

矩阵 $VAS_\widehat{E}$为我们提供了一种将总出口分解为不同来源国增加值的办法。可以发现这种分解方法，研究了一国某部门出口中所涵盖的所有上游的增加值投入。这种投入可以来自多个产业，任意国家。所以这一研究方法也可以用于研究一国某产业下游部门生产时所涵盖的增加值。矩阵 $VAS_\widehat{E}$还将“出口中的本国/他国增加值”和“增加值贸易”两个概念的区分问题提了出来。所谓“增加值贸易”研究的是商品的生产和最终使用，需要关注产品的使用在哪里。“出口中含的本国增加值”却和产品使用无关，只关注出口中的价值构成。矩阵 $VAS_\widehat{E}$考察的就是“出口中的增加值”问题，并没有考量产品价值在何处使用。基于此，提出一个与“增加值贸易”相关的矩阵：

$$V\widehat{AT} \equiv \widehat{V}BF = \begin{bmatrix} \widehat{V_1} & 0 \\ 0 & \widehat{V_2} \end{bmatrix} \begin{bmatrix} B_{11} & B_{12} \\ B_{21} & B_{22} \end{bmatrix} \begin{bmatrix} F_{11} & F_{12} \\ F_{21} & F_{22} \end{bmatrix} \tag{3.15}$$

其中 F_{ij}是 $N\times1$ 列向量，F 是 $2N\times2$ 的最终需求矩阵；$\widehat{V_i}$是 $N\times N$ 的对角阵，对角要素是增加值系数；$V\widehat{AT}$ 是 $2N\times2$ 的增加值生产矩阵，该矩阵对角上的元素是一国生产被本国吸收的增加值部分；非对角上的元素则是两国之间的双边增加值贸易矩阵。因为增加值贸易矩阵是 $V\widehat{AT}$ 的非对角线元素，排除了由本国创造的增加值经过别国再次加工生产后重流回国内的可能性。

为了更好地解释“出口中的本国/他国增加值”和“增加值贸易”两个概念，可以通过最简单的矩阵进行分析。根据上述假设，在只存在两个国家的世界里：

$$VAS\_E \equiv VBE = \begin{bmatrix} V_1B_{11}E_{1*} & V_1B_{12}E_{2*} \\ V_2B_{21}E_{1*} & V_2B_{22}E_{2*} \end{bmatrix} \tag{3.16}$$

其中 $V_1B_{11}E_{1*}$ 表示 1 国出口中的本国增加值部分，$V_2B_{21}E_{1*}$ 表示 1 国出口中的 2 国增加值部分。同理，还有 2 国出口中的 1 国增加值和 2 国增加值两个部分。也就是说矩阵的对角元素是各国出口中的本国增加值，而逆对角元素则是各国出口中的他国增加值部分。

此时可以定义两国出口中的本国增加值（DV）和别国增加值（FV）如下：

$$DV = \begin{bmatrix} V_1B_{11}E_{1*} \\ V_2B_{22}E_{2*} \end{bmatrix} \tag{3.17}$$

$$FV = \begin{bmatrix} V_2B_{21}E_{1*} \\ V_1B_{12}E_{2*} \end{bmatrix} \tag{3.18}$$

HIY 模型中曾定义指标 VS_1 表示一国出口中用于进口国加工后再次出口给第三国的部分，也可以成为“间接增加值出口（IV）”。在两国模型中一国的间接增加值出口其实就是另一国的 FV，也就是说：

$$IV_1 = V_1B_{12}E_{21} \tag{3.19}$$

需要注意的是在三国或多国模型中 IV 却不像公式 3.19 中这样简单。

（2）多国模型

将两国模型扩展到多国，以上公式可以写作以下矩阵形式：

$$Y = (I - A)^{-1}F = BF \tag{3.20}$$

$$VAS = VB \tag{3.21}$$

$$VAS\_E = VBE \tag{3.22}$$

假设此时一共有 M 个国家 N 个部门，此时 Y 和 F 都是 MN × MN 矩阵，V 和 VAS 是 M × MN 矩阵；E 是 MN × M 矩阵；VAS_E 是 M × M 矩阵。

$$VAS\_E \equiv VBE = \begin{bmatrix} V_1B_{11}E_{1*} & \cdots & V_1B_{1M}E_{M*} \\ V_2B_{21}E_{1*} & \cdots & V_2B_{2M}E_{M*} \\ \vdots & \ddots & \vdots \\ V_MB_{M1}E_{1*} & \cdots & V_MB_{MM}E_{M*} \end{bmatrix} \tag{3.23}$$

根据两国模型中的分析可以推出多国模型中的 FV；IV 和 DV，表示如下：

$$FV_i = \sum_{j \neq i} V_j B_{ji} E_{i*} \tag{3.24}$$

$$IV_i = \sum_{j \neq t} V_i B_{ij} E_{jt} \tag{3.25}$$

$$DV_i = V_i B_{ii} E_{i*} \tag{3.26}$$

$$E_{ij} = F_{ij} + A_{ij} Y_j = F_{ij} + A_{ij} Y_{jj} + \sum_{t \neq i,j} A_{ij} Y_{jt} + A_{ij} Y_{ji} \tag{3.27}$$

$$E_{i*} = DV_i + FV_i = V_i B_{ii} E_{i*} + FV_i \tag{3.28}$$

$$= V_i B_{ii} \sum_{j \neq i} F_{ij} + V_i B_{ii} \sum_{j \neq i} A_{ij} Y_{jj} + V_i B_{ii} \sum_{j \neq i} \sum_{t \neq i,j} A_{ij} Y_{jt} + V_i B_{ii} \sum_{j \neq i} A_{ij} Y_{ji} + FV_i \tag{3.29}$$

正如公式 3. 28 所示，通过增加值分解，一国的总出口可以分解为本国增加值和国外增加值两部分。其中本国增加值又根据增加值的流向和用途不同分为四部分，如公式 3. 29：一国出口给进口国的最终产品中的本国增加值、一国出口给进口国用于进一步加工生产最终品的中间产品中的本国增加值、一国出口中进口国进一步加工后出口给第三国的中间品中的本国增加值、一国出口给进口国经过再次加工生产后复进口的产品中的本国增加值。所以在传统的贸易统计中存在两部分的重复计算，一是出口中涵盖的国外增加值；另一部分是一国出口中涵盖的本国复进口的部分。要考察一国在全球价值链中分工的实际状况，需要将出口中的国外增加值部分进行剔除，只考察一国出口中由本国创造的实际增加值。增加值贸易视角为国际分工的研究提供了新的研究方向，将总贸易中的本国增加值和他国增加值进行分解是研究中的关键。

综上所述，在全球价值链背景下，一国的国际分工地位依旧由本国的比较优势和要素禀赋等状况决定。但是垂直专业化分工中的比较优势和要素禀赋影响的不再是产品和产业层面的国际分配，实际影响的则是不同产品生产环节层面在不同国家之间的优化配置。在劳动密集型生产环节具有优势的国家负责产品生产中的加工组装等生产环节，在资本和技术密集型生产环节具有优势的国家则负责产品生产中的研发和销售等环节。总贸易的增加值分解方法为研究全球价值链下国际分工状况提供了新的方法上的指导。在增加值贸易视角下分析中国在全球价值链中的国际分工地位需要首先将中国制造业的总出口分解为本国创造的增加值和他国创造的增加值两部分，才能研究中国制造业在全球生产中扮演的角色，生产和进出口的产品类别分别是什么，从而分析在整个生产链版图上中国所处的位置。第二步，需要研究中国所扮演的角色在整个生产链条上的重要性，在价值链的视角下就是要研究中国在产品的全部价值中贡献的部分有多少，即测算中国创造的产品增加值在产品总值中的比重。第三步，研究增加值贡献率与国际分工地位之间的关系，验证把本国增加值率高与国际分工地位高二者是否等同。第四步，即在研究的基础上得出相应的结论。本书的第四章和第五章就围绕以上几个方面的问题展开，对中国制造业的实际国际分工地位进行剖析。

第四章　全球价值链下中国制造业的发展

制造业是一国的支柱产业，是国家综合国力和经济实力的实际体现，也是其他产业发展的基础。制造业创造了半数以上的国民财富，带动技术进步和生产效率的提升，加上产业的连锁带动效应，制造业的发展可以全方位带动整体经济水平的提高。国际贸易中的制造业也是重要的核心产业，是全球贸易额中的核心组成部分。本章对全球价值链下中国制造业参与国际分工的基本状况、方式和特征、基础和条件、机遇及存在的问题进行了较为详细的阐述。

一、中国制造业的基本发展状况

（一）中国制造业的产业发展和贸易增长

自 1978 年改革开放政策实施以来，中国积极融入全球市场中，主动参与全球化生产网络，在国际市场中扮演着越来越重要的角色。经过三十几年的发展，中国从一个闭关锁国、自给自足的封闭的计划经济国家，发展成为世界第一大出口国；从一个依赖外部资金带动本国发展的经济体成为外汇储备世界第一的国家。这一系列变化充分地印证了改革开放政策的正确性，也是中国综合国力在世界市场中的重要体现。在这一阶段，中国的制造业也得到了充分的发展，产业规模迅速扩大。除个别年份外，中国制造业的总产值和增加值均以较快的速度保持增长态势。其中，中国制造业的增加值从 1993 年的 34089 亿元增加到 2011 年的 150597. 2 亿元，增长了近 13 倍。中国发展制造业拥有其他国家所不具备的多项有利条件：中国劳动力数量充裕、劳动力成本较低；产业发展所必需的基础设施建设具备良好的基础，且在进一步提升；中国拥有广阔的国内市场，且具备良好的工业配套能力；社会和政治环境稳定等。在上述优势条件下，中国制造业在20世纪末期保持了快于世界平均水平的发展速度，实现了工业生产指数的快速提升。中国制造业在全球贸易中的份额也逐年提升，日益成为世界制造业中的新生力量。同时，中国在多个产业领域还实现了产量的世界第一，其中包括：家电制造业、纺织业、通信设备、机械设备制造业等。

2001年12月11日，中国正式加入世界贸易组织，成为世界贸易组织的第143个成员国。加入WTO对于中国而言具有划时代的意义，对外贸易和国际分工都进入了全新的发展阶段。一方面，中国在WTO框架下逐步降低关税，开放国内市场，更加深入地参与全球化浪潮中；另一方面，通过多边和双边的贸易谈判和经济合作也提升了中国在世界市场和国际化生产中的参与度。从总量数据分析，中国自加入WTO以来对外贸易发展迅猛，进出口总额从2001年的5097.7亿美元增加到2015年的2.9万亿美元，总体增长近6倍。其中，出口总额从2001年的2661亿美元增长到2015年的1.66万亿美元。2013年，中国的货物进出口总额达到4.16万亿美元，其中出口总额2.21万亿美元，进口额1.95万亿美元。中国首次成为世界第一货物贸易大国，这对于中国的对外贸易发展来说具有里程碑式的意义，也宣告了中国在全球贸易中不可替代的重要地位。从中国的贸易差额来看，中国的对外贸易持续保持贸易顺差，且顺差额持续增长。2001年中国的贸易顺差为225.5亿美元，而2015年顺差则高达4240.9亿美元，达到历史最高值。大规模的贸易顺差一方面反映出中国出口的良好发展态势，也在一定程度上反映出中国在国际市场的获利能力。

过去十几年间，中国逐渐成长为世界制造业的出口增长引擎，中国制造业在国际市场中的份额也逐年增长。特别是中国加入世贸组织以来，在世界贸易中的发展速度又得到了进一步的提升。中国制造业出口在世界市场中所占据的份额从2000年的4.37%上升到2012年13.8%。在代表性的贸易大国日、美、欧盟成员国等国家的进口总额中，中国制造业所占的比重也大幅提高。截至2011年，在美国的进口总额中，中国产品所占比重达到19%，其中制成品中所占比重高达29%。比较有代表性的是服装产品，美国从中国进口的份额从2001年的8%增加到2010年的40%。

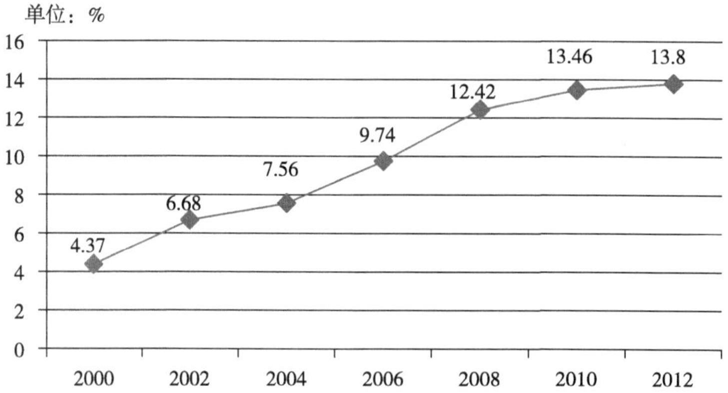

图4-1　2000—2012年中国制造业出口额占世界市场的份额

资料来源：中国海关

综上所述，经过改革开放以来四十年的建设和发展，特别是加入WTO十多年来对经济全球化的融入，中国在世界市场中的地位逐渐凸显。中国制造业产值的不断增加和出口份额的增长都在说明中国已经成为名副其实的制造业大国。然而，作为贸易大国的中国是否已经成为一个贸易强国；迅速增长的对外贸易总量是否可以反映出中国在全球贸易和国际分工中的参与程度已经达到了比较高的水平；巨额的贸易顺差又能否说明中国在世界市场上拥有很强的获利能力，若要回答以上问题则需要对总量数据背后反映出的真实状况进行更多个层面的分析。

（二）中国制造业参与全球价值链分工的基础和条件

随着经济全球化的发展，国际分工发展到垂直专业化分工的新阶段，中国制造业也凭借自身优势积极参与到了全球价值链的国际分工中。在本书第三章已经从理论层面，对垂直专业化和全球价值链的相关概念等进行了详细的阐述。基于先前的理论，结合中国的实际情况，中国制造业参与到全球价值链分工中的基础和前提条件究竟是什么？

1. 要素禀赋条件

要素禀赋条件是中国制造业参与全球价值链生产的基础。首先，充足的劳动力资源是中国制造业起步的关键。其次，随着国内生产力的进步及对外开放政策的推进，本国资本的积累和国外资本的大量流入为中国制造业的发展提供了充足的资本保障。第三，在技术创新方面投入的增加和国内教育水平的提高，也使得技术要素成为中国制造业当前参与国际竞争的关键性优势。所有这些，都为中国制造业参与全球价值链下的垂直专业化分工，提供了有效的要素支持。

在所有的要素禀赋条件中，劳动力要素是中国制造业发展的主要比较优势所在。中国作为世界第一人口大国，拥有世界上最多的劳动力数量。2014 年中国 15 岁以上劳动力总数为八亿人，是美国的近五倍。丰富的劳动力数量会造成较低的劳动力价格。一方面有利于贸易企业降低生产成本，提高国际竞争力。另一方面，会带动国内劳动密集型产业的发展。

与其他国家相比，中国制造业的单位劳动成本均低于日、美、韩、德等发达国家。在 1995 年至 2010 年间，中国制造业的单位劳动成本大约只有德国的一半左右。2009 年，这一比率降低至 39.9%。与日本、韩国、中国台湾等国家和地区比对后，也是相似的状况。基于这种劳动力成本的优势，中国制造业一方面得以发展具有竞争力的劳动密集型产业，如纺织业、皮革与鞋类制造业。另一方面得以从日本、东亚四小龙等国家和地区中进口中间品，从事加工组装，从而参与到全球价值链的分工链条中。

2. 规模经济

中国制造业参与垂直专业化分工的另一个重要条件是中国制造业专业化程度的提高和规模经济的存在。产业规模的扩大和产业的集聚有利于规模经济的出现，从而带来技术的外溢和交易成本的降低，有利于进一步建立综合性和功能性的服务平台，对于产业的发展和国际竞争力的提升都是关键性的影响因素。

改革开放以来，中国制造业产业的专业化程度逐步提升，生产能力、组织效率、生产和营销链条构建都进入了全新的发展阶段。一方面，在全球价值链分工模式下，较强的生产能力和专业化水平有利于一国制造业更多地承接别国外包的生产环节，从而提高该国制造业参与国际分工的程度。反过来，中间产品的流入又会有利于该国制造业降低生产成本，促进产业进步和生产效率的提升。由此就会出现产业专业化水平和参与国际分工程度两者相互促进的良性循环。

另一方面，产业的集聚和规模的扩大会使产业内部出现规模经济，从而降低单位产品的生产成本。这一现象出现的原因是，产业的集聚有利于企业之间共享信息和资源，从而提高产业内部的优化配置，降低企业的生产成本和交易费用。企业之间形成一种具有互补性的组织模式，从而实现相互之间的促进。比较有代表性的是美国的硅谷地区，几千家计算机公司的产业集聚产生了极大的规模经济，使之成为举世闻名的电子工业基地。中国制造业的发展也受益于规模经济的存在，无论是改革开放初期的广东和浙江，还是当前的珠三角、长三角、环渤海经济带，都存在制造业产业的集聚。为推动区域经济的合作和发展，中国政府也积极推进产业集群区域的建设。

3. 政策优势

有利于制造业发展和对外贸易的政策也为中国制造业走出去，参与全球价值链分工提供了有效的支撑。

一方面，关税壁垒和市场准入门槛的降低，为中国制造业参与全球价值链分工创造了良好的条件。中国政府降关税的举措从 20 世纪 90 年代就已经开始，那时中国整体的关税水平达到 40% 。入世前，为了加入该组织中国政府实行相应措施自主降税。入世后，为了履行关税减让的义务，逐年降税，并于 2010 年基本实现入世承诺。

关税水平的下调有利于降低企业间的交易成本，从而提高一国企业参与全球经济和分工的程度。具体到中国制造业而言，关税水平的降低对于国外企业出口半成品和原材料到中国进行进一步生产提供了更加便利的条

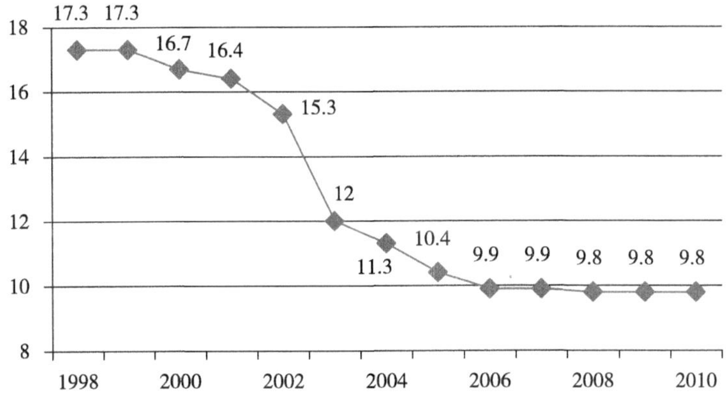

图 4－2　1998—2010 年中国的平均关税水平

资料来源：《2010 年关税实施方案》

件，有利于中国制造业企业参与全球价值链分工。

除了降低关税以外，中国政府还通过设立经济特区、出口加工区、自由贸易区的方式为制造业进出口提供有利的政策支持。另外还积极引入外资，通过资金、技术和管理经验的引进为制造业参与国际贸易和分工创造有利条件。

（三）价值链分工对中国制造业发展的影响

1. 外资成为中国制造业发展的重要推动力

传统的贸易和分工模式下，中国制造业的发展主要依靠本国要素的积累和技术的进步。全球价值链下，跨国公司在世界范围内寻找有效区位，进行国家之间生产环节的分工，带来了大规模的资本跨国界流动。从吸收对外直接投资的规模和流量变化看，中国成为世界对外直接投资的主要目的国。同时中国利用的外国直接投资一半以上集中在制造业。各国资本选择中国作为投资目的国主要源于中国开放的经济政策和要素禀赋方面的优势，有利于企业降低成本开展全球化经营。自 20 世纪 90 年代以来，外资的流入带动了中国制造业各行业的发展，极大地促进了行业规模的扩大和竞争力水平的提高。

2. 中国制造业技术水平得到提升

全球价值链分工下，发达国家选择控制高技术产品的核心生产环节，而将非核心的加工和组装等环节外包给发展中国家，从而将生产力集中在利润率最高的部门，实现收益的最大化。发展中国家也从这一分工模式中受益。一方面，发展中国家可以参与到高科技产品的生产环节中，并通过出口此类产品改善本国的生产和贸易结构。另一方面，高技术含量中间品的进口和网络内部企业间的合作，会产生技术转移和外溢效应，从而提高参与国制造业的技术水平。

3. 竞争和危机意识的提升

在价值链分工下，产品生产的国家边界被打破，成为具有世界性的生产过程。中国制造业在参与全球价值链分工中，除了面对国内企业的竞争以外，还要应对其他国外企业所造成的竞争压力。在要素使用层面，一方面要按照本国的比较优势组织生产，另外还需要从动态化和跨国界的视角出发，选择最合理的生产方式。激烈的市场竞争，外部环境的风险给中国制造业的发展造成了巨大的压力。但是也在一定程度上激励了中国制造业企业效率的提高，和自身应对竞争和风险的能力。

4. 生产和经营的独立性降低

全球价值链下，中国制造业企业在全球经济中扮演的角色从独立的经济组织转变为链条上的参与者。企业的生产和组织经营，在很大程度上要依附于对价值链有控制能力的跨国公司及国际市场中的其他企业。因为产品生产的核心环节在其他国家进行，而产品的核心技术也来自其他发达国家。跨国公司作为全球价值链的核心，自主地在全球范围内布置生产，这对于中国制造业企业保持自身生产和经营的独立性不利。同时也不利于中国制造业企业构建完整的生产和价值链，不利于产业技术的进步和产业结构的优化调整，也容易导致中国制造业陷入全球价值链的“低端锁定”。

二、中国制造业参与全球价值链分工的特征

（一）依赖加工贸易的分工模式

全球价值链下的国际分工模式下推动了加工贸易的发展。加工贸易作为一种依靠原材料进口且产品销售市场在外的特殊贸易形式，在全球价值链的背景下，成为链接对外贸易和国内产业的发展的桥梁。一方面，一国依靠加工贸易嵌入到全球价值链中，参与国际分工。另一方面，加工贸易又根植于本国的产业内部，可以带动本国上下游产业的发展，促进国内产业结构的优化和产业的进步。

中国制造业在迈进世界市场的发展前期，主要通过“两头在外”“大进大出”为特征的加工贸易参与其中。加工贸易对于当时经济基础和技术水平欠缺的中国制造业来说是正确的选择，极大地推动了中国制造业参与全球化生产网络的步伐，也为之后中国制造业乃至整个中国对外贸易的发展积累了丰富的资金和要素。通过借鉴和学习其他发达国家现今的技术和生产模式，也为改革开放初期的中国实现发展打下了坚实的基础。

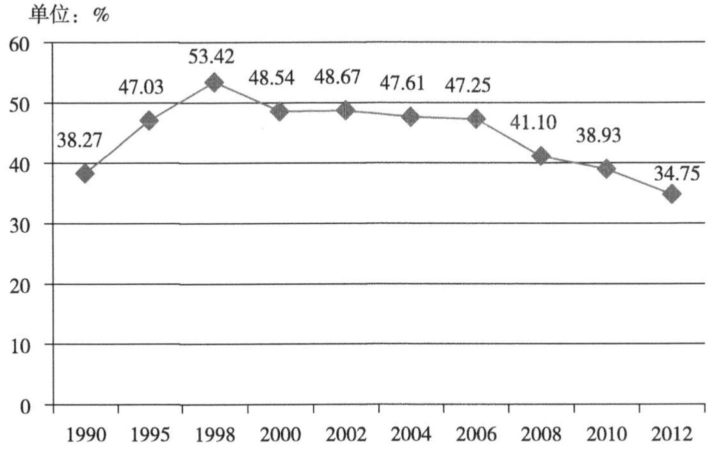

图 4－3　加工贸易在进出口贸易总额中的占比

资料来源：中国海关。

中国参与国际分工主要依靠的是本国丰富的劳动力资源和低廉的劳动力价格。加工贸易在全部贸易总量中的占比就直观地表明了这一点。中国20世纪90年对外贸易中加工贸易的比重持续上升，加工贸易额在中国对外贸易额中所占的比重一度高达45%以上。这一贸易状况与政府的政策引导和中国在国际贸易中的实际状况是分不开的。丰富的劳动力资源保证了中国在加工制造行业上的相对优势，在很大程度上推动了中国参与国际分工的进程。加工贸易的贸易特征带来了大规模的贸易流量，实现了中国的进出口总值的大幅增长。改革开放以来40年，中国对外贸易的发展很大程度上需要归功于中国的加工贸易。加工贸易既为中国提供了大量的就业岗位，也为中国参与国际分工打开国际市场提供了有效的途径。

按照联合国BEC分类标准，产品可以分为初级产品、中间投入品、最终产品和其他产品四类。其中，中间投入品可以分为半制成品和零部件，最终产品又可以分为资本品和消费品两类。利用这种方法对2011年中国各类商品在进出口中所占的比重进行计算后，得到下表：

表4-1　2011年中国进出口中各类产品占比

		出口	进口		
初级产品		0.9	28.4		
中间产品	半制成品	40.7	23	45.7	22.8
	零部件		17.7		22.9
最终产品	资本品	57.5	29.1	21.2	15.0
	消费品		28.4		6.2
其他产品		0.9		4.7	

资料来源：笔者根据UN Comtrade计算后得。

分析表4-1中数据可以看出，中国的进口中初级产品和中间品占比较高，约占全部出口中的70%左右。出口产品中占比较高的则是最终产品，占比达到57.5%。说明中国主要从事初级产品和中间产品到最终产品的转变，也就是加工和组装的生产环节。

根据微笑曲线理论，分析贸易的利益分配机制可以发现，加工组装环节是产品生产过程中附加值最低的环节。中国作为提供加工组装服务的国家，加工费是中国企业的贸易利得，而这一部分的利益从整个产品总体来看占比较小。也就是说，虽然中国的贸易总流量因为加工贸易实现了大幅度的增长，但是中国企业的实际贸易利得却不像贸易总额这样让人满意。如果只考虑贸易进出口总量，则很难得到实际贸易利得的真相，容易产生不切实际的误导。加工贸易在进出口贸易中的比重自2007年开始出现了较大幅度的下滑，2012年该比重降至34.75%。这与近年来政府调整产业结构、优化贸易发展模式、积极发展一般贸易的政策是分不开的。

（二）中间品贸易的持续逆差

全球价值链分工使得产品生产过程碎片化，传统以最终产品为主的全球贸易模式被大量的中间品贸易取代。一件最终产品生产完成以前，其原材料、零部件、半成品会经历数次不同国家国界的跨越，从而产生多次且量大的中间品贸易流量。中国制造业自参与到全球价值链分工以来，中间品贸易的进出口规模都出现了不断地增长。其中，中间品的总进口额从1999年的1221.16亿美元增加到2013年的14184.93亿美元。中国中间品贸易的出口也呈现出增长的态势，从1999年的714.27亿美元，增长到2013年的9166.50亿美元。

表4－2　1999—2013年中国中间产品进出口总额及在总进出口中的占比

年份	中间产品进口额	总进口额	中间产品进口占比	中间产品出口额	总出口额	中间产品出口占比
1999	1221.16	1656.99	73.70%	714.27	1949.31	36.64%
2000	1706.88	2250.94	75.83%	944.18	2492.03	37.89%
2001	1781.53	2435.53	73.15%	1018.59	2660.98	38.28%
2002	2143.02	2951.7	72.60%	1264.92	3255.96	38.85%
2003	2978.72	4127.6	72.17%	1673.98	4382.28	38.20%
2004	4093.49	5612.29	72.94%	2356.98	5933.26	39.72%
2005	4930.01	6599.53	74.70%	3041.13	7619.53	39.91%

续表

年份	中间产品进口额	总进口额	中间产品进口占比	中间产品出口额	总出口额	中间产品出口占比
2006	5891.6	7914.61	74.44%	3979.17	9689.36	41.07%
2007	7191.08	9561.15	75.21%	5060.1	12200.6	41.47%
2008	8533.92	11325.62	75.35%	6164.19	14306.93	43.09%
2009	7639.35	10055.55	75.97%	4655.25	12016.47	38.74%
2010	10502.07	13960.02	75.23%	6354.73	15777.64	40.28%
2011	12917.2	17433.95	74.09%	7819.92	18983.88	41.19%
2012	13345.79	18181.99	73.40%	8266.74	20487.82	40.35%
2013	14184.93	19499.92	72.74%	9166.5	22090.07	41.50%

资料来源：笔者根据 UN Comtrade 计算后得。

但是对比中间产品的进出口贸易额后就可以发现，中国在中间品贸易中一直处于逆差，这与中国整体的贸易差额状况不同。中国贸易进出口总差额处于贸易顺差，且顺差额逐渐增大。而中间品贸易的状况却与之相反，首先，贸易差额一直处于逆差状况，且贸易逆差额也在逐年地扩大，从 1999 年的 506.89 亿美元增加到 2013 年的 5018.43 亿美元。这一分析结论与上一节中对于中国加工贸易为主的对外贸易结构结论相符。一国参与全球价值链分工的方式可以从分工方向上分为两类，一类是作为下游参与者，承接上游企业的中间品进行后向环节的生产；一类是作为上游参与者，为下游企业提供原材料和中间产品。中间品贸易的持续逆差，即可以反映出中国制造业在全球价值链分工中主要扮演下游参与者，而作为上游企业为其他国家提供中间品的角色则位居第二。这也在一定程度上反映出中国制造业在全球价值链中“加工厂”的地位。

（三）参与模式：“东亚生产网络”和“三角模式”

分析中国制造业融入全球价值链的模式可以发现两大主要特点：一个特点是“东亚生产网络”的形成。东亚地区由于地域上的临近性和产业上的互补性，在全球价值链发展的背景下，逐渐形成了生产上互相合作的生产网络。主要表现为日本和新兴经济体（韩国、香港、中国台湾、新加坡）主要负责技术含量较高的零部件生产，中国和东盟国家主要负责产品的加工组装环节，从而形成互补性和合作性都较强的垂直专业化生产网络。另一个特点是“三角模式”的形成，日本和新兴经济体、中国、欧美国家分别作为三极，形成三角形的贸易和分工模式。首先日本和新兴经济体将零部件和中间品出口给中国，然后中国通过加工组装为最终产品后出口给欧美等发达国家。

中国制造业参与到国际贸易和国际分工中，在很大程度上改变了全球的生产组织模式，特别是中国所处的东亚生产组织模式。东亚地区的经济和贸易以日本作为核心，实现了二战以来的发展，逐渐形成了较为成熟的“雁行”的发展模式。日本作为“领头雁”，亚洲四小龙为雁身，其他国家作为雁尾，形成了类似大雁行进的“人”字前进模式。经济学家形象地将之称为“东亚雁行国际分工模式”或者“东亚雁行发展模式”。在这一分工模式下，日本主要从事技术含量和资本要素投入较高的产业，亚洲四小龙负责其他资本密集型行业，而其他国家则作为跟随者主要生产劳动密集型的产品。随着中国制造业的发展及改革开放政策的实施，中国作为东亚生产网络中的后来者参与到东亚地区的国际分工中。然而，中国制造业竞争力水平的提升在很大程度上改变和动摇了传统以日本为核心的东亚生产组织模式。

传统的东亚贸易模式存在大量日本与东亚四小龙之间的内部贸易，而中国制造业的崛起在很大程度上改变了这一贸易状况。越来越多的贸易量转移到中国，中国成为名副其实的贸易中心。这一变化在很大程度上削弱了日本和东亚四小龙在东亚地区乃至全球贸易中的控制力和影响力。但这并不是说中国取代日本成了新型生产模式的中心，成为极具竞争力的国际分工核心。因为虽然中国的地位在提升，产品生产中的核心环节和技术含量较高的生产过程依旧被日本和其他新型工业化国家所掌握，转移到中国的产业和生产环节仍然是劳动密集型且附加值较低。同时，低附加值产业和生产环节的转移也有助于日本和其他工业化国家将更多的资源和要素投入到其他附加值较高的环节生产中。整体而言，中国制造业的发展提高了东亚生产网络的生产效率和专业化层次，同时也通过发挥产业的关联性和衔接能力，提高了东亚地区各国之间的经贸联系。

三、中国制造业在价值链分工中存在的问题

根据上面两个部分的分析可以发现，中国制造业在全球价值链分工中主要凭借自身劳动力资源丰富的优势，参与到东亚生产网络和日、美等国家的“三角贸易”中。中国制造业主要从事的依旧是加工和组装的价值链下游环节，在价值链上游的表现并不突出。分析这一价值链参与模式需要思考如下几个问题：1. 主要凭借劳动力成本低的要素优势参与国际分工的模式，是否可持续。2. 加工组装是生产链条中附加值最低的环节，这一分工参与模式是否健康。3. 贸易差额的统计中反映出中国存在大额且持续增加的贸易顺差，造成中国与其他国家之间贸易局势的紧张，如何应对。下面对中国制造业参与全球价值链分工中出现的问题进行分析。

（一）分工参与模式需要转变

近年来随着经济发展水平的提高，中国的劳动力价格逐年上涨，属于中国的人口红利逐渐消失。这一要素和生产成本上面的变化将在很大程度上改变中国在全球竞争中的相对优势和分工状况。

中国制造业当前主要从事全球价值链中的加工组装环节，这一生产环节属于劳动密集型环节。也就是说中国之所以可以在该环节的国际分工中占有一席之地，最重要的前提就是中国低廉的劳动力成本。然而，中国劳动力价格的上涨将彻底改变中国在全球分工中的地位和全球生产网络的布局。一方面，中国参与国际市场的传统比较优势逐渐丧失，这会导致中国丧失其在劳动力成本方面的优势，从而进一步降低中国出口产品的国际竞

争力。另一方面，中国劳动力价格的上涨还会在很大程度上影响跨国公司的全球化定位，中国可能会丧失掉国际分工中看似稳固的位置。这一点变化从外商直接投资的目标市场与本国企业投资方向上也可以很明显地看出。例如，近年来越来越多的加工型企业选择在中国以外的市场投资建厂，例如越南、马来西亚等国，以降低生产的劳动力成本。与此同时中国企业也开始在非洲和东南亚选择合适的目的地，以利用当地价格比中国低很多的劳动力资源。这一现实状况反映出中国传统的依赖劳动力成本低廉作为优势条件参与国际分工的模式无法持续，中国需要对自身在国际分工中的状况进行重新定位，选择有利于本国发展的新型国际贸易道路，才能保证中国对外贸易的持续、健康发展。

探索新一轮国际分工布局中中国的比较优势，减少对劳动力资源优势的依赖，摆脱价值链的低端锁定，向价值链的高端环节转移是中国制造业未来发展的必然选择。

（二）发展路线需绿色可持续

改革开放40多年来，为了推动中国的对外贸易并从世界市场中获利，中国政府实施了许多涉及市场开放和引进对外直接投资的积极的贸易政策。以上措施非常有效地促进了中国生产力的发展、产业结构的调整、对外贸易的发展等，并为中国经济带来了新的活力，从而更好地融入世界市场中。然而，粗放型的生产和贸易模式以及对资源和环境存在不良影响的外资的引入，对中国的自然资源和环境造成了一系列不良的影响。自然资源存在着大量浪费和低效率使用，环境污染也日益严重。环境方面的压力促使越来越多的人们开始反思加工贸易的发展和对外贸易的发展究竟给中国带来的是有利效应还是相反。

为扭转当前国际生产和贸易模式给中国带来的环境和资源压力，中国制造业需要在未来的发展中重视环境的保护和资源的有效利用。

（三）贸易摩擦和新贸易保护主义的应对

随着中国经济的发展和对外贸易的崛起，越来越多的国家将中国视为其主要的竞争对手。欧美国家经常提出“中国威胁”的论调，影响着中国和各国之间的外交和贸易关系。仅从贸易视角看，国外竞争者眼中的中国已经在全球分工和贸易中占据了战略性的地位，威胁着世界经济中的他国的状况。这一点从中国遭遇贸易救济调查的情况也可以明显看出。中国已经连续20年成为全世界为数不多的遭遇反倾销调查的国家，也连续多年成为反补贴调查的重灾区，对中国外贸行业的打击严重。针对中国发起双反调查的并不完全是欧美等发达国家，同时存在很多的发展中国家和新兴经济体，诸多国家把中国视为其在贸易领域主要的阻碍和竞争者。贸易摩擦在很大程度上可以反映出中国与其他国家在贸易领域的国际关系，也可以看出竞争者眼中的中国制造业具有很大的威胁性和很强的竞争力。然而，中国在国际分工和国际贸易中的地位是否如别国看到的如此之高，中国是否已经在全球经济中占据了关键位置。这一问题是中国实现正确定位、寻找合适发展道路必然要解答的问题。

四、中国制造业发展的新机遇

（一）制造业发展的国际新局势

随着全球生产力发展和技术水平的进步，特别是进入21世纪以来，互联网产业化、生产智能化的趋势下，有专家提出全球产业的发展进入了“第四次工业革命”。全新的以智能化生产为目标、以提高资源使用效率和减少污染物排放为主要特征的新一轮工业革命浪潮席卷全球经济。德国在这一背景下提出其“工业4.0”的计划，成为当前新型工业发展战略的代表。德国在其新的发展计划中指出，该发展战略旨在通过信息通信技术和网络虚拟系统，将传统的制造业向智能化方向转变。这一新型工业发展模式的提出为当前工业化找到了全新的出路，创造新价值的过程将会改变，产业链的分工将会重组。其他国家也提出了与之类似的发展计划，例如，美国的“先进制造业”战略、英国的“高价值制造”战略等。2008 年的经济危机证明了虚拟经济的发展有极大的市场风险，以及虚拟经济的健康发展需要依赖坚实的实体经济作为支撑。制造业作为实体经济中的核心产业，其重要性又被重新提了出来。世界各国在挽救经济危机冲击下的本国经济过程中，不约而同地选择发展本国制造业，进一步夯其实国内产业的基础。

新一轮的产业革命为中国制造业的发展提供了新的机遇，一方面制造业在各国重新被提高到国家战略的位置，有利于各国制造业生产水平和技术能力的提升，这对于中国制造业从中获得技术和信息外溢，提升自身产业能力提供了前提。另一方面，工业革命 4.0 带来了制造业产业层面生产模式和组织模式的全面革新，也会带来全球范围内的国际分工重新布局。这为中国制造业尽快摆脱价值链“低端锁定”，探索融入全球价值链新模式提供了机会。

（二）国内政策的扶持

中国政府为了促进本国制造业的发展，也提出了适合自身的政策引导。2015 年，国务院提出《中国制造业 2025》计划，旨在提高中国制造业竞争力，最终实现制造强国战略。这一背景下，制造业拥有着极为有利的发展契机，同时拥有有效的国家政策支撑。

总结来看，制造业的进出口贸易在中国整体对外贸易中占据非常重要的地位，研究和探讨中国制造业参与国际分工的状况及在世界贸易中所处的地位，对于更好地推动中国制造业的发展和贸易的进步有重要的政策引导意义。另一方面，加工贸易在制造业对外贸易中的占比反映出中国制造业当前的国际分工参与模式以及中国制造业的主要生产状况。这一现实需要从多个角度进行更为深入的研究，一方面，加工贸易利用了中国劳动力资源的比较优势，也为中国制造业参与国际分工打开了一扇大门；另一方面，我们又可以看出中国加工贸易整体的技术含量较低，并且贸易的现实表明加工贸易的贸易获利也较低，如何提高中国制造业在全球贸易中的获利是未来中国制造业发展的方向。

第五章　中国制造业的国际分工地位：测度与分析

一、研究方法说明

随着国际分工的不断深化，贸易壁垒和运输成本的降低，产品的生产工序出现“碎片化”和“分散化”的趋势，同时产品的国家属性也日益淡化，产品成为名副其实的“世界制造”。不同国家的生产企业分属于产品价值链的不同环节，综合利用自身生产要素进行生产，共同参与产品的生产过程。在这种分工背景下，贸易总量数据出现了很大程度的“重复计算”，必然会对政策制定者和相关企业造成有偏差的引导。对一国出口进行本国增加值和他国增加值的分解，成为准确分析一国贸易状况和全球国际分工模式的关键。

要实现增加值的分解，需要了解一件产品从原材料采购到最终产品生产所经历的不同环节，每个环节所创造的生产价值是多少，同时需要分析从原材料、半成品到成品所经历的多次的进出口过程，从而确定增加值的来源和去向。原有的统计口径无法实现分解的目的，所以需要采用新的统计口径和统计方法。

（一）投入产出方法

1. 投入产出方法简介

美国经济学家瓦西里·里昂剔夫（WassilyLeontief）创立的投入产出分析方法，是用于分析经济体系中不同部门和不同产业的投入与产出之间关系的计量分析方法。所谓投入产出法，就是通过建立一张横纵交错涵盖不同部门之间一定时期内投入来源与产出去向的投入产出表格，并据此建立分析模型进行经济分析与经济预测。投入产出的分析方法是将复杂经济体中不同部门之间的相互依存关系数量化，这一方法既可以用于分析国际、国家层面的宏观问题，也可以用在一个行业、企业的中微观层面分析。通过编制投入产出表格能够较为清晰地展现国民经济各产业和各部门之间的内在联系及生产组织关系，特别是各产业和部门之间的相互占用、产品的分配使用情况及生产与消耗之间的平衡关系。在世界贸易层面，投入产出分析方法为探索不同国家之间的产业合作及国际分工模式的研究开创了全新的视角。在国民经济领域，投入产出方法可以用于分析不同行业之间的生产协作及国民经济各部门之间平衡关系的构建。在地区经济分析中，投入产出方法可以分析一国不同地区之间的产业合作和依赖关系。在行业领域，投入产出方法主要用于分析该行业中企业之间、不同产品之间的相互关系。综上所述，自投入产出方法提出以来，该方法已经被广泛用于分析世界经济结构、一国的经济发展结构、对外贸易状况、行业发展模式、就业与收入分配等问题的探讨中，成为经济问题分析中的一个全新的研究视角。

早期的研究主要采用非竞争型的投入产出表及模型进行研究，所谓非竞争型的投入产出表指的是在模型中将进口品在国内的使用进行区分，分解为用于最终消费和中间投入两部分。利用不同国家的投入产出表，进行分析时将除了进口国和出口国以外的其他国家视为一个整体进行研究，割裂国际贸易之间双边和多边的关系，不考察国际贸易和分工的动态变化和交叉联系。而现在的研究则更多地采用国际投入产出表和模型，即将国际贸易和分工看作一个联系密切的有机网络，考察国家与国家之间交叉的贸易关系。

竞争型的投入产出方法的均衡方程为：

$$Y = (I - A)^{-1} F \tag{5.1}$$

其中 F 为产品的最终使用向量，Y 为国内总产出向量，A = $[a_{ij}]$ 为直接消耗矩阵，而$(I - A)^{-1}$即为著名的里昂惕夫逆矩阵，反映了单位投入在生产过程中的无限循环使用和产业波及效果，也就是完全消耗系数。竞争型的投入产出方法构建了一国总产出与最终消费之间的关系。

非竞争型的投入产出表与竞争型投入产出表不同，通过构建国内均衡和进口均衡两个方程，更加细致地描述了国家与国家之间的贸易状况。公式如5.2和5.3所示：

$$Y=(I-A^{D})^{-1}F^{D} \tag{5.2}$$

$$A^{M}Y+F^{M}=M \tag{5.3}$$

其中$A^{D}=[a_{ij}^{D}]$为国内产品的直接消耗系数矩阵，$A^{M}=[a_{ij}^{M}]$为进口品的直接消耗系数，F^{D}和F^{M}分别为国内产品和进口品的最终使用列向量。Y和M分别表示国内总产出和进口品的列向量。非竞争型投入产出表将中间投入品分为进口和国内生产两部分，有利于更加有效地计算垂直专业化分工程度。目前，利用非竞争型投入产出表进行国际分工研究的更为广泛。

2. 国际投入产出模型

国际投入产出模型是在国家投入产出模型的基础上进行的扩展和延伸。国家投入产出模型将一国的经济作为研究对象，却并没有考虑到国家与国家之间的贸易联系和依赖性。国际投入产出模型即将各国、各行业的投入产出关系展示出来，对于当前研究国家与国家之间的贸易关系、分工模式和生产网络的构建都有重要的意义。

在国际投入产出模型的构建中，各国各行业在生产中使用本国要素和中间投入，其中本国要素为国内的劳动和资本等原始投入，而中间品投入则既可以来自国内也可以来自其他国家。所有部门生产的产品均是可贸易的，且既可以用于最终消费也可以用于中间投入。通过国际投入产出模型的构建，将各国、各部门之间的产品流向和使用进行了非常直观的展示。代表性的数据库有WIOD（World Input - Output Database），下一节中将对这一数据库进行介绍。

（二）增加值贸易核算方法

Koopman（2010）将传统的垂直专业化测度研究进一步推进，在将

HIY 模型假定进行放松后，将一国贸易总额进行了增加值层面的分解。根据 KWW 模型的研究，假定世界上只有两个国家，生产 N 类有差异的贸易品，所有的产品均可以作为最终消费品或者作为中间投入进入下一个生产环节。根据第三章中理论研究，对一国出口中所含有的增加值进行分解后，可以得到公式组 5.4：

$$E_{ij} = F_{ij} + A_{ij}Y_j = F_{ij} + A_{ij}Y_{jj} + \sum_{t \neq i,j} A_{ij}Y_{jt} + A_{ij}Y_{ji}$$

$$E_{i*} = DV_i + FV_i = V_iB_{ii}E_{i*} + FV_i \tag{5.4}$$

$$= V_iB_{ii}\sum_{j \neq i} F_{ij} + V_iB_{ii}\sum_{j \neq i} A_{ij}Y_{jj} + V_iB_{ii}\sum_{j \neq i}\sum_{t \neq i,j} A_{ij}Y_{jt} + V_iB_{ii}\sum_{j \neq i} A_{ij}Y_{ji} + FV_i$$

通过增加值视角的分析将一国出口首先分解为本国增加值和国外增加值两个部分，通过第二个层次的分解又将一国出口中的本国增加值分解为四个部分：一国出口最终产品中含有的本国增加值；一国出口中间品经进口国生产为最终产品中含有的本国增加值；一国出口中间品经进口国生产后出口给第三国产品中含有的本国增加值；一国出口中间品经进口国生产后再次出口给本国的产品中含有的本国增加值。

这种增加值分解方法，为当前国际分工和贸易的研究提供了新的思路，也为增加值贸易数据库的构建打下了基础。OECD 和 WTO 联合推出的 TiVA 数据库即用于研究国家之间贸易的增加值流动，在下一节中将对该数据库进行详细的介绍。

（三）数据库的比对及采用

1. 投入产出数据库介绍

在当前国际贸易状况下，中间品贸易盛行、产品内贸易和垂直专业化国际分工成为主要的贸易和分工形式，投入产出的研究方法被广泛使用。全球价值链的分工模式意味着一件产品由不同国家的企业共同生产出来，其价值总额是由不同国家创造的价值共同构成的。这就意味着，如果要更加深入地研究不同国家之间的分工状况，或者研究各国的企业在产品生产链条中的合作方法，必须对整个生产链条进行分解，按照生产进行的顺序对每一个环节进行研究。在此类研究中，投入产出方法的优势得到充分的展现。通过国家投入产出表的构建能够充分地展示一国内不同产业、部门、企业之间的生产模式和协调状况；通过国际投入产出表的构建，则可以直观地展示不同国家之间产业、部门、企业之间的分工状况和产业链生产模式。

提供有效、准确的贸易数据库是研究国际分工状况和国际生产组织模式的基础，投入产出方法下构建全新的国家和国家间贸易流量数据库成为统计的重点。近几年，利用投入产出分析方法构建的贸易数据库及正在进行的统计项目有很多个，比较有代表性的是：IDE – JETRO 提供的亚洲投入产出表（Asian International Input – Output Tables）、普渡大学提供的 GTAP（Global Trade Analysis Project）数据库、格罗宁根大学提供的 WIOD（World Input – Output Databases）数据库、OECD 提供的 ICIO（Inter – country Input – Output database）数据库、OECD 和 WTO 联合推出的 TiVA（Trade in Value Added）数据库等。其中，TiVA 数据库是在 OECD 的 ICIO 数据库的基础上进行多项指标的再次计算后得出的，比原有的 ICIO 数据库涵盖面更广，也更便于在研究中使用。以上数据库采用的投入产出表类别、数据来源、数据覆盖年限、国家和产业均有不同。现有的针对全球价值链和国际分工模式的研究，大都采用上述数据库中的数据得以进行。表 5 – 1 较为直观地对比了上述五个数据库的不同：

表 5 – 1　投入 – 产出数据库比对

数据库	提供机构	数据来源	国家数量	产业覆盖	数据年份
亚洲投入产出表	IDE – JETRO	国际统计账户和企业调研	10 个经济体	76 个部门	1975，1985，1990，1995，2000，2005
GTAP（第七版）	普渡大学及 27 个研究机构	GTAP 成员国的国家投入产出表格的数据汇总	129 个地区	57 个部门	2004，2007

续表

数据库	提供机构	数据来源	国家数量	产业覆盖	数据年份
WIOD	格罗宁根大学及11个研究机构	国家统计数据（供求表）	40个国家	35个产业和59个产品	1995—2011
ICIO（2016版）	OECD	国际投入产出表、供求表、国家统计数据	55个国家	37个部门	1995—2011
TiVA（2016版）	OECD&WTO	国际投入产出表、国家统计数据	63个国家和地区	34个部门	1995—2011

上述提到的几大数据库，在投入产出方法下贸易数据的统计领域均有突出的贡献和代表性。其中GTAP数据库最早提供了增加值贸易的数据，并且利用国际投入产出表提供了更加详细的贸易数据。该数据库统计面非常广，涵盖了90个独立国家，是当前投入产出数据库中覆盖面最广的一个。但是由于数据来源于不同国家提供的相关统计，而国家之间的统计方法和指标等存在较大差异，所以导致该数据在原始统计账户中存在误差。另一方面，不同年限的统计结果也会出现较大的偏差，这一统计缺陷限制了该数据库在研究中的使用。第七版的GTAP数据库覆盖了2004年113个地区（94个国家及19个地区），并统计了57个行业的数据。因为GTAP项目最初的目的是建立较为完整的数据库，用于反映世界各国之间的贸易关系，而不是用于增加值贸易的测度。所以，许多利用该数据库展开的研究都把重点放在了研究经济关系，并没有更多地将视角放在数据库构建上。例如，Daudin et al.（2006，2009），Johnson and Noguera（2010），Koopman et al.（2011）等。

不论是IDE－JETRO提供的亚洲投入产出表还是GTAP数据库，其涵盖的都是某些特定年份的贸易数据。与之相比，WIOD提供的时间序列的数据库显示出不可比拟的优势。格罗宁根大学及11个相关机构共同开展的WIOD项目，利用27个欧盟国家和13个非欧盟国家的数据构建国际表格。其数据来源主要是各国的供给使用表格（Supply－Use tables）而非投入产出表（I－O tables），因为供给使用表可以保证1995年至2011年数据的连续性。OECD作为WIOD项目的组成成员，也利用国际投入产出表和供给使用表构建了一个跨国的数据库ICIO。

OECD和WTO联合推出的TiVA数据库（2016版），在ICIO数据库的基础上进行了增加值层面的分解，并通过多个统计指标的计算展示出了比ICIO更为全面的数据。TiVA数据库的构建同时借鉴了其他数据的统计方法和数据，是贸易增加值数据库的集大成者。这一数据库的出现为增加值贸易视角的研究提供了有效地数据支撑，更加直观和有效地展示出了当前国际分工及生产价值链的组织模式。

2. 数据库采用

本书的研究利用OECD和WTO所提供的TiVA数据库进行展开，上一节中的展示和对比的结果显示，已有的基于投入产出分析方法的贸易数据库各有优劣。本书的研究重点在于利用一国贸易中的所创造的增加值研究该国在国际分工中的地位，所以研究的视角在增加值贸易。这一点与TiVA数据库所提供的数据基本一致，可以满足本书研究的需要。本书主要基于增加值贸易对中国制造业的国际分工地位及其影响因素进行分析，故经过比对后选择了TiVA数据库作为本书研究的主要数据来源。一方面考虑到TiVA数据库提供直接的增加值贸易数据，方便文中各个指数的核算和比对；另一方面，TiVA数据库覆盖面较广，且最新版本的数据库提供的时间连续的数据有利于本书的研究。

TiVA数据库是由OECD和WTO联合提供的，最新版本的数据于2016年12月推出。该数据库利用投入产出的分析方法，将每一个国家所生产的产品和服务进行增加值层面的分解。从而探究产品最终价值的构成方式，及每个国家在产品生产中所做出的贡献。除了基础的数据统计以外，该数据库还在增加值数据的基础上构架了一系列数量指标并提供计算结果。统计指标通过展示一国生产的产品增加值构成情况以及各国之间在产品生产中的关系，对政策提出者提供了有效的引导。

从覆盖国家面来看，最新版本的 TiVA 数据库，覆盖 63 个国家及 OECD、EU28 等经济组织。数据库中的 63 个国家既包括 OECD 全部的 34 个国家，同时涵盖中国、印度、巴西、俄罗斯等非 OECD 的成员国。统计数据覆盖国家数量较多，且不论经济总量还是贸易总值都在全球经济中占较大的比例，对于研究全球经济贸易形势具有较好的代表性。

在时间层面，该数据库提供所有经济体 1995 年到 2011 年总计 17 年连续的贸易数据。数据库所提供的数据量非常丰富，便于进行年度之间的平行比对，同时有利于进行进一步的学术研究和计量分析。

该数据覆盖的行业也较为全面，涵盖了主要的 34 个行业数据，其中包括 16 个制造业部门和 14 个服务业部门，可以比较充分地展示出一国进出口贸易的全貌。对于本书研究的制造业行业，TiVA 数据库统计数据较为丰富。除了提供制造业的总值数据以外，还对制造业进行了多个层面的行业细分，数据量基本符合本书研究选用数据库的原则。

在数据层面，TiVA 数据库在构建时借鉴了多位学者前期的研究成果。一方面将出口贸易数据进行了本国直接增加值、本国间接增加值、复进口的本国增加值、国外增加值的分解。这一个层面有利于分析产品的增加值来源，是解答“世界制造”产品究竟是哪个国家制造问题的关键。另一方面，还根据产品的使用将贸易数据分解为中间产品贸易数据和最终产品贸易数据。对产品类别进行分解是研究产品生产链构成和产品流向的关键，只有完成该层面的分解才能够实现将各国的生产部分联系起来，构建全球化的生产链和价值链。以上两个方面的数据分解对于全球价值链的研究是非常重要的，只有将产品类别及产品增加值来源进行透彻的分解，才能够在此基础上进行进一步的国际分工和生产组织模式的研究。TiVA 的数据库在数据分解层面体现出其他数据库不可比拟的优势。

最新版的 TiVA 数据库提供了与增加值贸易和生产组织相关的 46 个统计指标。我们可以将所有的统计指标分为三大类：第一类为总量统计指标，主要反映一国在贸易总量方面的表现。例如，出口总值（EXGR）、出口中的本国增加值（EXGR_ DVA）、出口中的国外增加值（EXGR_ FVA）、进口总值（IMGR）等。第二类为结构指标，通过总量统计指标的核算得出，反映不同因素在一国贸易中的表现。例如，出口的本国增加值率（EXGR_ DVASH）、出口的国外增加值率（EXGR_ FVASH）等。第三类为核算指标，通过构建核算公式进行计算，对特殊问题提供数据支撑。例如，一国作为产业链上游国家对产业链下游所做出的贡献，可以利用该国出口到进口国的中间品经加工后再次出口给第三国中间品的增加值进行表现（DVAFEX）。

综上所述，TiVA 数据库为本书的研究提供了非常有效的数据支持。本书利用该数据库中数据的分析进行比对和实证研究，以求解释中国制造业出口的真实状况及中国制造业在国际分工中的实际地位。

（四）国际分工地位的衡量指标

传统的分析视角下，一国的国际分工地位可以从以下几个角度进行探究：

（1）进出口总量，可以反映出该国在世界贸易中的参与程度。

（2）进出口商品结构，用以反映该国参与国际分工的主要模式。

（3）进出口商品的要素密集度及技术复杂程度，可以考察该国在国际竞争中的优劣势。

（4）显性比较优势 – RCA（Revealed Comparative Advantage）指数，可以在一定程度上反映出该国的比较优势状况。

（5）双边或多边的贸易状况，可以帮助分析该国与他国之间的合作模式，从而帮助分析区域或全球分工模式中本国的地位。

以上几个研究视角对于分析中国的国际分工地位都可以提供有效信息，然而全球价值链分工背景下，对国际分工地位的衡量需要从传统的贸易总量、贸易产品结构等指标转变为增加值层面的研究。根据第三章提出的理论分析模型得知，从增加值贸易的视角可以实现较好的国际分工地位研究。

从增加值贸易的视角出发，对中国制造业国际分工地位的衡量可以从以下几个方面进行：

（1）从总量进行分析。考察一国对外贸易出口中所含的本国增加值量，从而更加真实地反映一国出口中实际由本国创造的价值量。在进行各国之间的比对和排名后，可以寻找探索各国制造业在全球贸易中的贡献情况。

（2）从增加值率分析。考察一国出口中的本国增加值率和国外增加值率的情况及其变化。如果一国位于全球价值链中的上游，从事原材料供应、零部件生产等环节则意味着该国出口中的本国增加值率会较高。如果一国位于全球价值链的下游，主要从事加工组装等生产环节，则本国贸易中中间品的进口比重较大，同时由于加工组装环节的附加值较低，所以出口中的本国增加值率必然会较低。

（3）通过构建评价指标，对一国在全球价值链中的地位进行衡量。代表性的指标有全球价值链参与度指数、全球价值链地位指数、调整后的显性比较优势指数、调整后的贸易条件指数等。

下面利用 TiVA 数据库，分别从以上几个方面对中国制造业的国际分工地位进行评价。

二、中国制造业增加值贸易的总量分析

中国的制造业在全球经济中享有盛名。从产量层面来看，2010 年中国的制造业占全球总量的 18.9%，超过美国（18.2%）成为世界第一制造业大国，打破了美国一百多年来世界第一大生产国的地位。2010 年到 2014 年间中国一直保持制造业大国的地位，没有动摇。由此可见中国的制造业生产能力在全球居于领先地位。从贸易层面来看，2010 年中国出口总值超过德国，成为世界第一大出口国。2013 年中国在货物贸易领域实现进出口

总额4.16万亿美元，超过美国、德国等主要竞争国家，成为世界第一大货物贸易国。不论从产业总值还是贸易总值来看，中国制造业“大国”的地位基本确立。然而，中国并不能算作制造业“强国”，中国主要的制造业定位在低端的劳动密集型产业领域，大而不强是中国制造业的发展现状。技术水平的落后及产业结构的不合理成为当前中国制造业发展面临的关键性问题。全球贸易中的中国制造业也并没有显现出很强的竞争力，同时随着中国劳动力价格的上升，中国制造业的发展面临越来越严峻的经济形势。

新型的国际分工模式下，中国制造业分工境况究竟怎样无法从总量的统计数据中显现出来。增加值贸易的数据则为分析此类问题提供了全新的研究视角。一国的出口总值可以分解为本国创造的增加值和国外创造的增加值两个部分。只有本国创造的增加值才可以反映该国在产品生产中所提供的实际贡献，也是该国生产要素可以获取的要素所得和收入。国外增加值部分是由其他国家创造，通过中间品进口到本国并用于本国再加工生产的部分。这部分的增加值是传统贸易统计中“重复计算”的部分，并不是本国在产品生产中创造的。如果一国出口中本国增加值率较低，在一定层面上就可以反映出该国在该类产品生产中处于增加值较低的低端，同时反映出利用总值统计数据会产生多大程度的“重复计算”或“统计误差”。

（一）出口中的本国增加值总量

当前垂直专业化分工背景下，一国出口中的本国增加值才能真实反映该国在出口中的实际创造。2011年制造业的出口总值和制造业出口中的本国增加值排名前四位的国家见图5-1。对比两个总量统计指标可以发现，排名前四位的国家并没有出现不同。中国无论是制造业出口总值还是出口中本国的增加值都位居世界首位。深入分析却可以发现，按照出口总值统计下，中国制造业的出口总量远高于美国、德国的制造业。然而，中、美、德制造业出口的本国增加值量差距却要小很多。也就是说，相比美国德国等国家，中国出口更多的产品，但是出口产品中由于涵盖一定比例的别国增加值，实际中国创造的价值总量与德国美国相差不大。中国制造业参与贸易的价值总量并没有异常突出的优势。

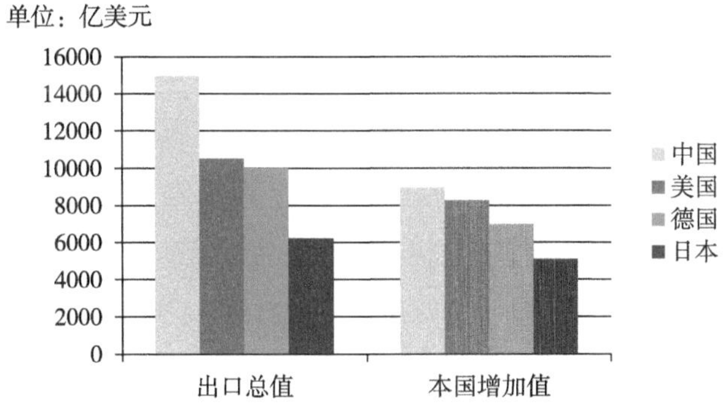

图 5－1　2011 年主要四国的制造业出口总值与增加值出口比对

资料来源：作者根据 TiVA 数据库整理所得。

另一方面，分析图 5－2 中中国制造业总出口量和出口中本国增加值量的变化，可以看出两者保持较为一致的变化趋势。除了 2009 年受到经济危机的影响出现小幅度下滑以外，其余统计年份均出现了增长。本国增加值出口在 1995 年至 2011 年实现了 17.4% 的增长，这一增长率高于总量统计

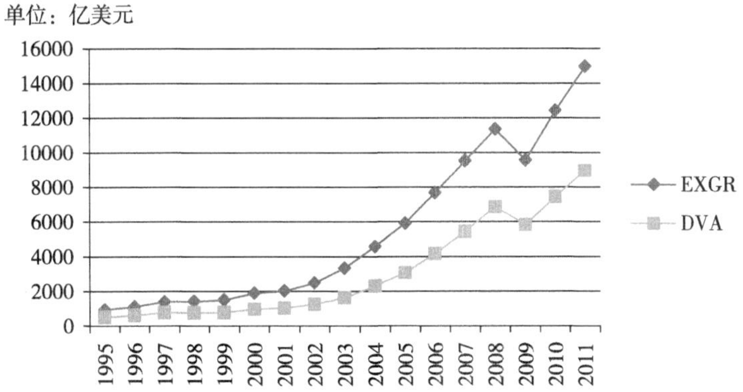

图 5－2　中国制造业出口总量和本国增加值出口量的变化

资料来源：作者根据 TiVA 数据库整理所得。

说明：EXGR 为中国制造业的总出口量；DVA 为中国制造业出口中的本国增加值量。

下的总出口的增长率（15%）。也就是说，增加值贸易的统计方式并没有改变整体出口总量的变化趋势，只是因为传统的贸易总量统计因为存在重复计算，所以在进出口贸易量的统计上存在误差。不论是总量统计还是增加值贸易统计法，都反映出过去15年中国制造业贸易量的增长，及中国制造业在全球贸易中的重要地位。

中国制造业产业总量较大，在世界贸易中贡献的价值量也居于首位，在一定程度上可以反映出中国制造业在世界贸易和全球经济中的重要性和贡献程度。但是，总量数据只能表现中国是“制造大国”，规模大难以反映中国制造业在全球国际分工中的地位，需要其他方面的数据加以补充。

（二）出口中的本国增加值率

出口中的本国增加值率可以反映出一国在总出口的产品价值中实际由本国创造的部分，一方面可以说明传统贸易统计的误差，另一方面还可以反映一国的进出口产品结构以便于进行国家之间的比对。

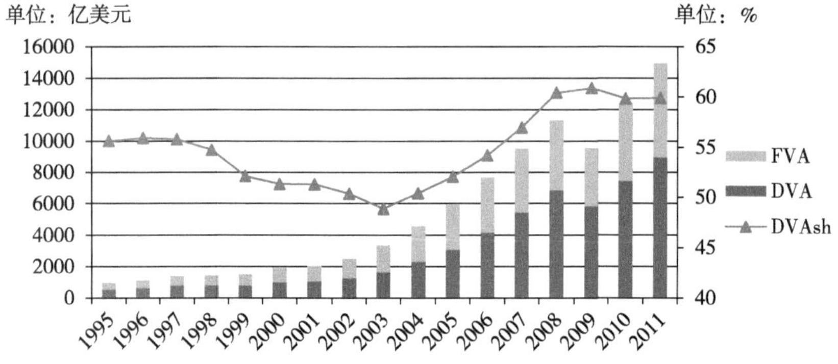

图5-3　中国制造业出口总量中的本国增加值率的变化

资料来源：作者根据TiVA数据库整理所得。

说明：FVA为中国制造业出口中的别国增加值量；DVAsh表示出口中的本国增加值占比。

图5-3反映了1995年至2011年间，中国制造业出口总量中的增加值构成情况及本国增加值率的变化。以2011年为例，中国制造业出口总值为14945亿美元，其中本国创造的增加值为8958亿美元，别国创造的增加值

为5997亿美元，本国增加值率为59.9%。从总量上看，在统计期内中国制造业的出口总量及出口中的本国增加值整体处于上升趋势。除2009年有小幅度下降以外，其他年份均保持增长。从本国增加值率的变化来看，中国制造业出口中的本国增加值率一直位于50%至60%之间，有小幅度上涨。2008年至2011年中国制造业出口中的本国增加值率稳定保持在60%左右。换言之，中国制造业出口的全部价值中有60%为国内产业创造的增加值，而其余的40%则由其他国家创造。也就是说，传统的贸易总量统计方法因为将其他国家创造的价值计入中国的制造业出口，所以会存在40%的统计误差。

为了考察中国制造业出口中的本国增加值率究竟处于何种层次，本书选取了与中国制造业贸易往来较为频繁的国家与中国进行比对。比对结果如下图所示：

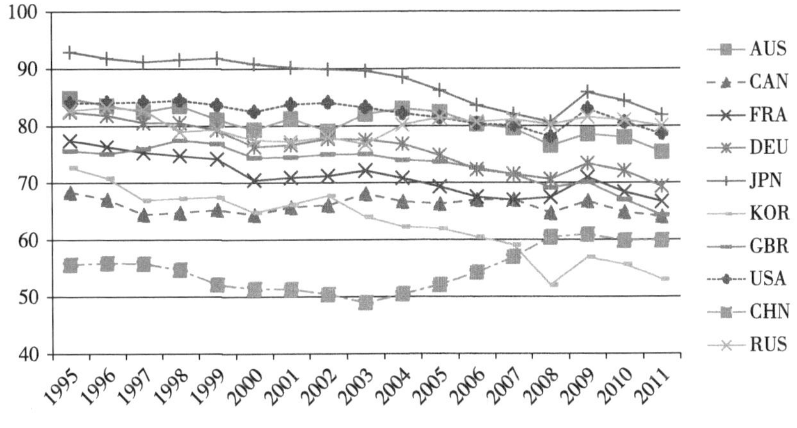

图5-4　主要十国制造业出口中的本国增加值率比对

资料来源：作者根据TiVA数据库计算所得。

说明：国家代码详情请见附录1。

样本国家的选择依据为1995—2011年与中国制造业贸易往来密切的国家，选择排在世界前几位的国家。根据图5-4所显示的数据可以看出，主要十国其出口中的本国增加值率大都处于50%到90%的比例。其中，出口本国增加值率最高的国家为日本，1995年日本制造业出口的本国增加值率为92.92%，这一比率在1995年至2011年出现了小幅度的下滑，在2011年增加值率维持在81%。也就是说，日本制造业的出口产品中80%以上的价值由本国产业创造，只有剩余的20%为其他国家创造。日本每一单位的制造业出口可以为本国带来0.8单位的产值和国民收入，对本国的贡献率较高。与日本相比，俄罗斯和美国的出口本国增加值率也保持在类似的水平，约占本国制造业总出口的80%。第二梯队的国家主要有加拿大、法国、德国、英国，这几个国家的制造业出口中本国的增加值率维持在70%左右。中国制造业出口中的本国增加值率与其他样本国家相比较则存在较大的差距，虽然在考察期限内出现了小幅度的上升，但是2011年59.9%的本国贡献率依旧反映出本国出口中大量的进口中间品及国外的增加值。

HIY（2001）在研究中将垂直专业化（VS）和贸易总值的比值作为研究指标，指出若该指标上升则表明在出口指向性部门内部，使用进口中间品的比重在增加；或者密集使用进口中间品的生产部门的出口增加。Johnson和Noguera（2011）[①] 在研究中提出VAX比率这一概念，通过测算出口总量中的各国增加值的占比可以得出。例如，文中将日本出口到中国的总贸易量进行了分解，发现总值贸易中日本增加值占比为64.5%，中国的增加值为4.3%，美国创造的增加值为11.1%等。研究指出VAX比率可以反映出各国之间增加值贸易量和总贸易流量的不同，还可以反映出各国的生产分享关系（Production sharing relationships）的异质性。

上述研究中分析了几个国家出口中本国增加值比重的不同，借鉴HIY和JN研究中的思想，可以看出不同的本国增加值比重一方面可以反映出各国的生产组织形式不同，也就是说本国在生产中使用进口中间品的数量不同；另一方面可以反映出本国产业的完备程度，高的本国增加值意味着本国的产业较为完备，可以较好地覆盖本国生产所需的各种投入。

① Robert C. Johnson, Guillerme Noguera. Accounting for Intermediates: Production Sharing and trade in Value added. 2011.

（三）不同行业的出口本国增加值率

图5－5直观地展示出中国制造业不同行业的出口中本国的增加值率及变化状况。根据图中展示可以看出，中国制造业的各个细分行业的出口中本国增加值的比率在过去十几年中基本都呈现出小幅度上涨的趋势，只有少数行业出现下降，例如木材纸质品及印刷出版业。分析这两个行业出现本国增加值下滑的原因可能是近年来中国保护森林的政策及更多地从国外进口木材导致的。

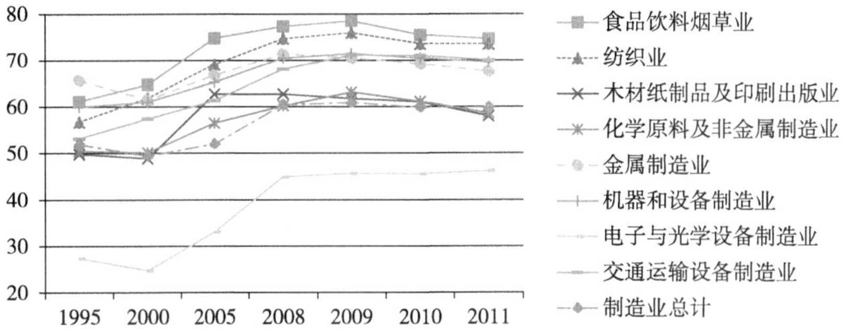

图5－5　1995—2011年中国制造业各行业的出口本国增加值率

资料来源：作者根据TiVA数据库整理所得。

对比不同行业之间本国增加值贡献率可以发现，中国的电子与光学设备制造业出口中的本国贡献率严重低于制造业平均水平。虽然该行业的本国增加值率从2000年的24.72%大幅提升至2011年的46.19%，但仍然是拉低中国制造业出口本国增加值率的主要行业。中国在国际分工中的实际情况也可以反映出这一状况。例如，过去十几年间中国在苹果产品的生产制造中作出了巨大的贡献，美国苹果公司的所有产品几乎全部都是“中国制造”。然而，中国凭借大量的劳动力和低廉的劳动力价格参与到苹果产品的生产链中，分工的位置处在苹果产品生产链条的最下游，主要从事产品的加工和组装，电子产品的原材料和零部件大都来自欧洲及日韩等国家。产品生产链条中每个环节所创造的价值并不相同，加工组装的工序在产品生产的全过程中属于增加值最低的环节。中国的劳动者生产大量的电子产品，最终只能获得少量的加工费用，“中国制造”实际上只是“中国组装”。这一分工状况必然会导致中国出口的电子产品中本国的增加值较少，与上图中反映出的低本国附加值率相符合。

另一方面，食品饮料烟草业和纺织业的出口本国增加值率高于制造业平均水平，达到70%以上。换言之，以上两个行业的出口总值中超过70%为本国创造，剩余的30%为别国创造的价值。分析两个行业的行业性质可以发现，食品饮料烟草业和纺织业同属于低技术制造业，其技术含量较低属于制造业中的低端行业。中国在这两个行业上的出口本国增加值率较高反映出中国在这类行业生产链条中的占有率程度较高。产业的发展程度和成熟度较高。

研究出口总值中的本国增加值率可以反映一国在某行业中的生产状况。已有研究表明，出口产品中的国外增加值主要来自进口中间品投入，也就是说生产中投入的进口中间品越多可能带来出口中越高的国外增加值率，相应地国内增加值率就会越低，本国在该产品生产中的贡献率也就越低。出口产品中的本国增加值率可以反映出该国在本国之前的生产链条各环节中的占有率和地位，即本国增加值率越高，本国在该出口产品中的贡献率越高，本国对该产品生产链条中的价值占有率越高，同时可以反映出该国在该产业生产领域的发展程度和成熟度越高。例如，日本制造业出口中的增加值率达到80%，就意味着日本全部制造业产品的出口价值中有80%为本国创造。一方面可以体现出日本对制造业生产链条的控制力较强，同时也反映出日本在制造业各行业的发展程度都较成熟，可以依赖本国制造业完成产品的多个生产环节。

根据以上分析可以得出以下结论：

（1）中国制造业出口中的本国增加值率在60%左右，传统以关境标准进行的贸易量统计大规模高估了中国制造业在全球贸易中的实际贡献。

（2）中国制造业出口中的本国增加值率低于主要竞争国，可以在一定程度上反映出中国制造业整体的发展程度落后于其他国家，行业生产结构不够完善。贸易行业在生产用于出口的产品时，需要在很大程度上依赖于从别国进口的中间品才能得以完成。

（3）中国的电子与光学设备制造业出口的本国增加值率明显低于其他行业，可以推测中国在技术水平较高的制造业部门中竞争力不足，生产结构不完善。

（4）中国在食品饮料烟草业和纺织业等部门的出口本国增加值率高于其他行业，反映出中国的低技术制造业部门发展程度较为完善，竞争力较强。

三、中国制造业增加值贸易的结构分析

（一）出口中本国增加值的构成

一国出口的本国增加值按照最终用途可以分为两类，一类用于国外的最终产品消费，另一类则作为中间产品继续投入到下一阶段的生产中。按照全球价值链理论，根据价值链上生产环节的位置不同可以将价值链分为价值链上游和价值链下游两个部分。一般情况下的制造业产品，在走向市场销售前的价值链下游环节，多为加工组装等生产阶段，这些环节的增加值和生产收益都较少。相比原材料加工、半成品和零部件生产等上游环节而言，位于价值链下游几乎等同于位于价值链的低端。具体到出口产品的用途方面，假设一国出口的产品更多地作为中间品投入到下游环节的生产和组装中，则意味着该国位于价值链分工环节的上游；反之，如果该国生产出口的产品更多地作为最终商品被消费，则意味着该国在价值链的下游环节。

图 5－6 中展示出 2011 年主要十个国家制造业出口中的本国增加值使用去向，分别按照最终产品和中间品进行分类。可以看出制造业出口中的

本国增加值按照使用去向可以分为国外最终产品消费和国外中间产品消费两个部分，中间产品占比一般略高于最终产品占比。观察中国的数据可以看出，中国制造业出口中本国增加值的出口用于国外中间产品的比重占到全部出口总值的 32.59%，用于最终产品的消费比重占全部出口总值的 27.29%，两者相差不大。进一步分析 1995 年至 2011 年中国制造业本国增加值结构的变化，可以看出调查期内中国制造业中本国的增加值用于两部分的比重基本保持一致变化并不大。然而，对比其他国家的数据即可以看出，其他国家制造业出口中的本国增加值更多地作为中间产品，继续投入到下个环节的生产中。比较突出是俄罗斯和日本，两国创造的本国增加值中较大的比重用于国外中间品的使用，体现出两国作为价值链上游国家对下游国家和产业作出的贡献和起到的带动作用。

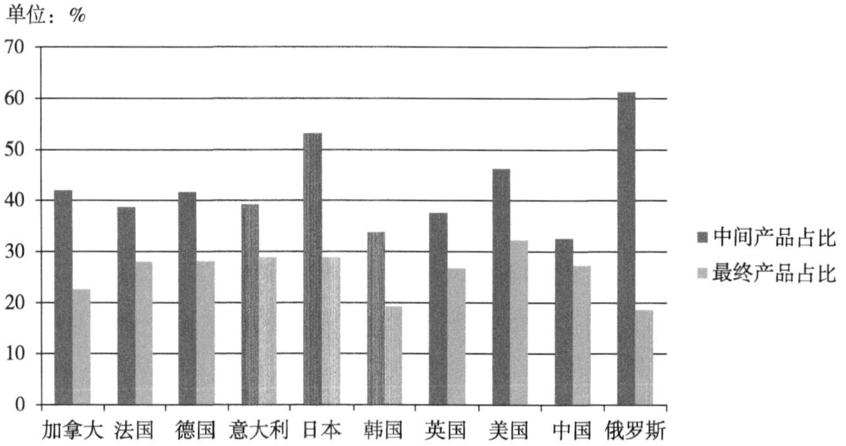

图 5-6　2011 年总出口中中间品和最终产品的本国增加值占比

资料来源：作者根据 TiVA 数据库计算所得。

这一统计分析可以反映出中国制造业生产的产品用于最终产品的比重略高于其他国家，相比用于中间产品进行再加工的部分则略低于其他国家。这在一定程度上反映出中国制造业在全球价值链中的地位并不高，而是处于下游的位置，依旧处在增加值较少的“微笑曲线”的底端。

（二）不同制造业行业中本国增加值的构成

图5－7中展示出中国制造业各行业出口总值中本国增加值的构成情况，按照本国增加值的最终使用分为最终产品和中间产品两类。例如，上图中显示食品饮料烟草业的出口总值中48.66%为国外最终产品消费中涵盖的本国增加值，而25.93%为国外中间品消费中的涵盖的本国增加值，本国创造的增加值更多地用于输出最终产品。按照同样的方法可以分析其他各行业增加值的构成情况，并进一步了解不同产业中中国制造产品的使用情况，及中国在各产业价值链中扮演的角色。

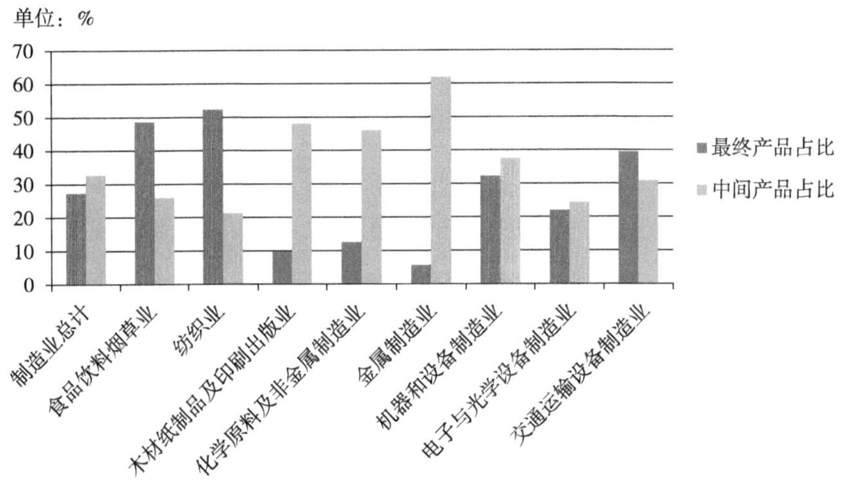

图5－7　2011年中国制造业各行业出口总值中的本国增加值分解

资料来源：作者根据TiVA数据库计算所得。

可以把所有制造业行业分为三大类：

第一类是以食品饮料烟草业和纺织业为代表的劳动密集型，低技术含量产业。中国在该类产业的出口中本国增加值更多地用于生产国外的最终产品。反映出中国在该类产业价值链中位于价值链的下游，主要为国外市场供给最终产品。综合上一部分的总量分析，中国在该类产业的出口中本国增加值占比较高，使用的国外中间品和原材料占比较低。可以看出中国在该类产业中具有较强的竞争力，生产能力覆盖整个产业链，该类行业发展较为成熟。

第二类是以木材纸浆纸张印刷业、化学原料及非金属、金属制造业为代表的资源和原材料型行业。中国在该类产业的出口中的本国增加值主要用于国外中间产品的消费。这一结构特点首先是由该类产业的产业性质决定的，贸易中主要以出口相关自然资源和原材料为主，提供给其他国家进行进一步的再生产。另一方面也反映出中国在该类产业中处于价值链的上游，主要从事原材料供给环节。但这并不意味着中国在该类制造业中拥有很强的价值链控制能力，因为该行业完全依靠自身国内的自然资源，技术水平和附加值含量较低。这也在一定程度上反映出中国在该类产业价值链中处于低端。

第三类是以机器设备制造业、电子光学设备制造业和交通运输设备制造业为主的资本和技术密集型制造业行业。该类行业按照制造业中技术水平含量划分可以被归类为中高和高技术制造业，在一国产业结构中占据重要的地位。并且由于此类产品生产环节的复杂性，决定了该类产业具备较好的产业联动性，该类产业的健康发展具有很大的正向外部效应。在该类产业的出口中，中国的本国增加值用于国外最终产品和中间产品的比重基本相同。与其他样本国家进行比对后发现，中国在机器和设备制造业行业内，本国增加值出口用于中间产品的部分高于最终产品，这一点与其他代表性国家相似。在交通运输设备制造业领域，中国本国增加值出口的部分更多地用于国外最终产品的消费，而用于中间品进行再加工的部分要少一些，这一构成结构与其他国家也基本相同。与其他国家存在差距的主要是电子和光学设备制造业，在该行业出口中，中国的本国增加值出口用于最终产品和中间品的比重基本相同。然而，其他样本国家除俄罗斯以外，其余各国的本国增加值出口都更多地用于国外中间品的使用，作为半成品或中间产品继续供给下游生产环节的使用。比较有代表性的是日本和韩国，日本该行业的出口中用于国外中间品使用的本国增加值占出口总值的

55.76%，用于最终产品使用的部分则占27.33%；韩国展现出类似的出口增加值构成，用于国外中间品使用的本国增加值占出口总值的39.02%，而用于最终产品使用的部分只占19.21%。这一产业特征可以从日韩参与电子产品的分工现实体现出来。日本和韩国在电子产品生产领域一直居于世界发展前列，不论是原材料、零部件、半成品还是成品的生产和出口都在世界经济中扮演重要的角色。作为电子和光学设备制造业行业的领头人物，日本和韩国在该行业的整个价值链中居于主导地位，扮演着“链主”（Chain Leader）的角色，操纵着整个生产价值链的运行和生产组织方式。相比较而言，中国在该产业中的国际竞争力就要弱一些，一方面出口中的本国增加值率就较低，另一方面本国增加值出口的部分又有一半左右用于国外的最终产品消费。反映出中国在电子和光学设备制造业领域位于全球价值链的下游和“微笑曲线”的底端。

四、关键指标测度

（一）全球价值链参与度指数

Koopman（2010）构建了衡量一国在全球价值链中参与度的衡量指标，公式如下：

$$GVC\_Participation_{ir} = \frac{IV_{ir}}{E_{ir}} + \frac{FV_{ir}}{E_{ir}} \tag{5.5}$$

公式中的E代表r国i产业的出口总值；IV代表r国i产业的间接价值增值，涵盖r国i部门本国增加值出口中的中间品部分经另一国加工出口后给第三国的价值，反映一国对于下游生产环节的参与；FV代表r国i产业的国外价值增加值，即r国出口中所包含的国外增加值，反映一国作为生产下游对于上游生产环节的参与。公式中的前半部分通常被称作前向参与度，而后半部分则被称作后向参与度。所谓前向参与度是指一国作为价值链上游的国家为下游其他生产国提供的中间品的生产组织方式，后向参与度则指一国作为价值链下游接受其他国家出口中间品后进行再次加工的生产组织方式。TiVA 数据库中给出了 FV 对应的统计指标 EXGR_ FVASH，即一国出口中涵盖的国外增加值占比。对于 IV 我们利用 TiVA 数据库中的 EXGR_ DVAFXSH 指标，该指标衡量了一国出口中被进口国加工后再次出口中含有的本国增加值占比，为得出 IV 值需要将该指标与贸易总量数据及不同产业出口量数据进行综合计算后得出。

图 5 - 8 反映出中国 1995 年至 2011 年间全球价值链参与度指标的变化，可以看出中国制造业的全球价值链参与程度在过去 15 年间并没有得到大幅度的提升，相反却出现了小幅度的下降，这与我们之前认为的情况不同。将全球价值链进行前向和后向参与度的分解后可以看出，中国制造业在全球价值链中的参与主要依赖后向参与度，也就是说中国制造业整体在全球价值链中位于下游。后向参与度反映出中国制造业作为下游国家和下游产业在整个生产链条中的参与程度，该项指标中国这一水平从 1995 年的 44.36% 降至 2011 年的 40.10% 。中国制造业在全球价值链中的前向参与度较低，虽经历了小幅提升，但是 2011 年也只达到 16.45% 的参与程度。

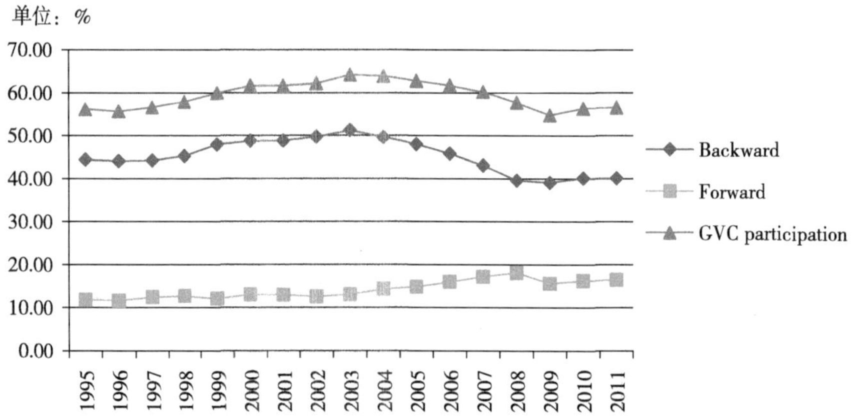

图 5 - 8　1995—2011 年中国制造业全球价值链参与度的变化

资料来源：作者根据 TiVA 数据库计算所得。

说明：Backward 表示中国制造业出口在全球价值链的后向参与度；Forward 为中国制造业出口的全球价值链前向参与度；GVC participation 表示中国制造业出口的全球价值链参与度。

通过以上分析可以反映出中国制造业在全球价值链中的主要参与模式是作为其他国家的后向国家，而作为前向国家向其他国家输出中间品的参与模式占比较少。

对比主要样本国的情况如图 5 - 9 所示：

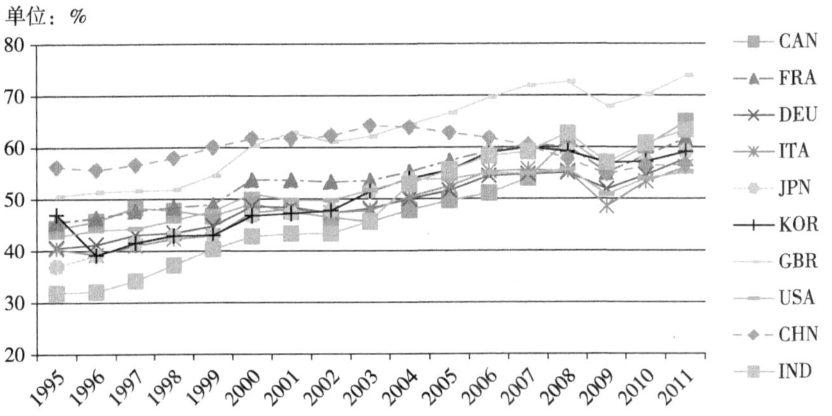

图 5 - 9　样本国家制造业的全球价值链参与度变化

资料来源：作者根据 TiVA 数据库计算所得。

说明：各国全球价值链参与度详细数据参见附录 2。

图 5 - 9 中可以看出代表的十个国家，在 2011 年的全球价值链的参与度大都维持在 50% 到 70% 之间。其中较高的为英国，且过去十几年发展迅速，从 50% 上升至 73% 。中国在样本国家中的排名比较靠前，全球价值链的参与程度较高，在 1995 到 2011 年间基本维持在 55% 以上的水平。从多国的全球价值链参与度比对我们可以发现，从价值链参与度的视角分析，中国制造业在全球价值链中的参与程度和其他国家相比表现尚可，也反映出中国对外开放政策的有效性。将全球价值链参与度进行前向参与度和后向参与度的分解后可以得到图 5 - 10。

图 5 - 10 将图 5 - 9 中各国的全球价值链参与度进行分解，分为 5 - 10（1）前向参与度和 5 - 10（2）后向参与度两部分。从前向和后向参与度的分解可以发现，俄罗斯的价值链参与度主要体现在前向参与度部分，也就是俄罗斯作为别国价值链上游的国家将其产品作为中间品出口给别国，

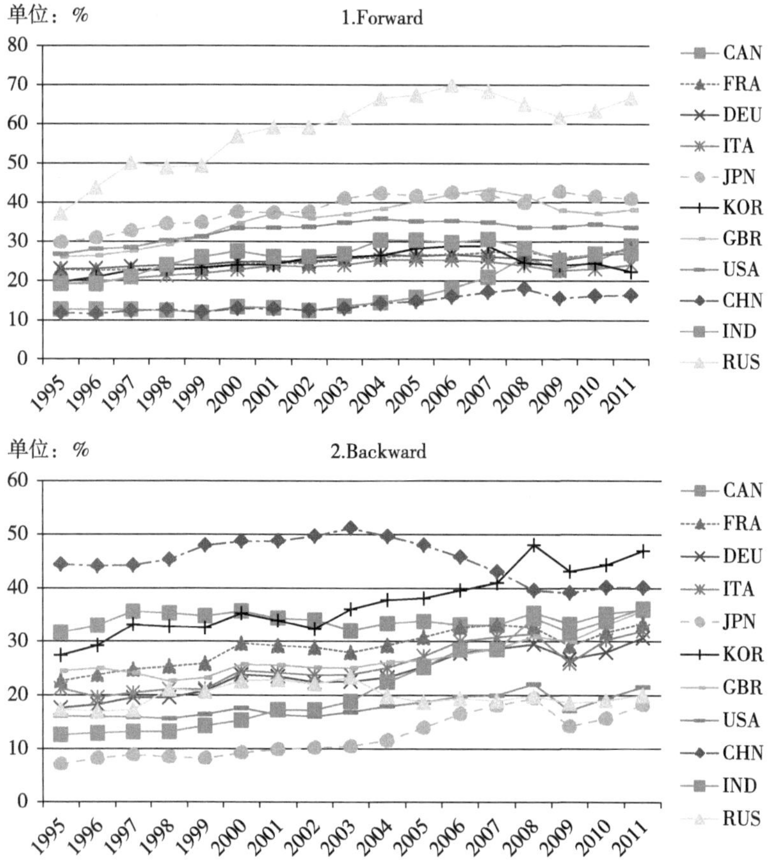

图 5－10　样本国家制造业的全球价值链前向和后向参与度对比

用作别国出口品的进一步生产中。这一点可以通过俄罗斯的主要贸易类型得到印证，俄罗斯作为资源大国出口较大规模的原材料和自然资源，此类产品一般会被别国用作进一步生产时的原材料投入，所以俄罗斯的前向参与度较高。

中国制造业的前向参与度低于其他国家平均水平，在考察期内中国的前向参与度存在小幅上升，但是仍然是样本国家中最低的水平（2011 年为 16.4%）。相应地中国制造业的全球价值链后向参与度则位于前列，1995 到 2011 年中的大部分年份中国的后向参与度都为各国中的前两名，一直维持在 40% 到 50% 的高位。2005 到 2011 年间韩国制造业的后向参与度逐年上升，并在2008年超过中国成为样本国家中的最高国。这反映出中国和韩国参与全球价值链的模式，主要通过后向参与。所谓后向参与是指，主要通过参与下游产业链环节进行国际分工。相反，对比日本的情况就可以看出，日本总的全球价值链参与度达到55%以上，与中韩差距不大。然而，日本在全球价值链中的参与主要依靠前向参与度的贡献，2011年达到近40.9%，而后向参与度比例却非常低，一直以来都是样本国家中最低的一个（2011年约为18.1%）。可见日本参与全球价值链的模式，主要通过前向参与。也就是说主要参与全球价值链的上游环节，通过向下游企业输送零部件、半成品等方式参与国际分工。

通过全球价值链参与度的分析和比对，可以得出以下几个结论：

（1）中国制造业全球价值链参与度较高，反映出中国的制造业主动参与国际分工和贸易，在全球价值链中表现积极。

（2）中国制造业在全球价值链中的参与度主要依靠后向参与度，即作为下游企业参与分工。但是前向参与度并不高，即作为上游企业表现一般。

（3）中国制造业在全球价值链参与度上与韩国情况相似，和日本相反。也就是说中国和韩国在全球价值链分工中主要作为下游企业，而日本则主要作为上游企业参与分工。

（二）全球价值链地位指数

Koopman（2010）在构造GVC_ participation指数的同时还构造了衡量一国在全球价值链中地位的指数：GVC_ position。计算公式如下：

$$GVC\_Position_{ir} = \ln\left(1 + \frac{IV_{ir}}{E_{ir}}\right) - \ln\left(1 + \frac{FV_{ir}}{E_{ir}}\right) \tag{5.6}$$

全球价值链地位指数通过将一国在价值链中的前向参与度和后向参与度结合分析，构建可以判断一国在价值链中位置的指数，可以较为直观地显示一国在分工中所处的位置，如果指数值越高则表明该国在产业链分工中处于上游，反之，数值越小则表明该国在全球价值链的分工中处于下游。

计算样本国家制造业的全球价值链地位指数可以得到下图：

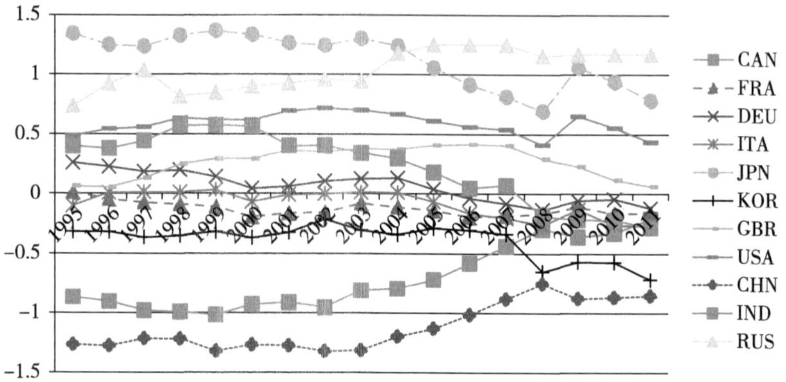

图 5－11　样本国家全球价值链地位指数的对比

资料来源：作者根据 TiVA 数据库计算所得。

说明：各国全球价值链地位指数详细数据参见附录 3。

图 5－11 中显示出，制造业行业内主要国家的全球价值链地位指数的对比。其中位于价值链上游的国家是日本、美国和俄罗斯。俄罗斯作为资源出口大国、原材料提供国，理应位于价值链上游。日本和美国则是主要负责产品的创新和研发，所以位于生产价值链的上游位置。中国和韩国虽然具有较高的参与度，但是地位指数显示两国在全球价值链分工中处于下游。也就是说，对制造业整体行业进行衡量，将这些国家作为一条价值链上的参与国对比后发现，日本、美国和俄罗斯处在价值链的上游环节，主要从事原材料供应、零部件和中间产品生产等环节；中国和韩国则处在价值链的下游环节，主要从事加工组装等环节。

通过全球价值链地位指数的分析和比对，可以得出以下几个结论：

1. 中国制造业整体的全球价值链地位指数较低，位于国际分工的下游位置。

2. 自 1995 年到 2011 年间中国制造业的全球价值链地位有小幅提升，从 －1.34 提升到 －0.85，但仍在对比国家中处于最低的位置。

3. 日、美、俄制造业全行业的全球价值链地位指数较高，处于国际分工中的上游。

根据“微笑曲线”理论的内容，在价值链中的不同环节直接决定国家和企业在贸易和分工中所获得的增加值和获利能力。以加工组装等工作为代表的价值链下游，在一定程度上就等同于低获利和低收入。所以，全球价值链地位指数的计算和对比后，可以得出结论，中国制造业的国际分工地位虽在过去十几年间得到了小幅提升，但是依旧较低，与其他国家差距较大。

（三）调整后的显性比较优势指数

显性比较优势指数（RCA）是由 Balassa（1965）提出的，指数通过计算一国某产品出口额在本国总出口额中的份额与世界该产品的出口额在世界总出口额中的份额的比值来衡量一国在该产品出口中的相对优势。其计算公式如下：

$$RCA_{ij} = \frac{X_{ij}/X_i}{X_{wj}/X_w} \tag{5.7}$$

其中 i 代表国家，j 代表产品或产业，w 为世界。公式中的分子表示 i 国 j 产品的出口额在 i 国总出口中的份额，分母表示世界 j 产品的出口在世界总出口中的份额。RCA 指数的定义显示，该指数值越大代表该国在该产品的出口中国际竞争力越强，反之则弱。若 RCA≥2.5，则该国该产品的国际竞争力极强；1.25≤RCA≤2.5，则该国该产品的国际竞争力较强；0.8≤RCA≤1.25，则该国该产品的国际竞争力一般；若 RCA≤0.8，则该国该产品的国际竞争力很弱。

RCA 指数自提出以来，被广泛用于分析一国产品、产业的国际竞争力和在国际贸易、分工中的地位和状况，具有较强的说明能力，是比较好的竞争力和国际分工地位衡量指标。然而，全球价值链分工极大地削弱了 RCA 指数的评价能力，因为产品内分工使得一国出口并不完全由本国创造，其中可能涵盖较高的国外增加值。基于这一思考，本书用增加值贸易的方法对传统的 RCA 指数进行调整以适应全球价值链下的实际情况。借鉴王直等（2015）[①] 和文东伟（2017）[②] 的研究方法，因为一国出口中的本国增加值部分可以较为真实地反映该国的真实价值创造，所以在调整的 RCA 指数中，我们采用 TiVA 数据库中一国某产业出口中的本国增加值 DVA_{ij} 对上式中的 X_{ij} 进行替代，并采用同样的方法对公式总的其他因素进行调整后，计算公式如下：

$$Adjusted\ RCA_{ij} = \frac{DVA_{ij}/\ DVA_{i}}{\sum_{i} DVA_{ij}/\sum_{i} DVA_{i}} \tag{5.8}$$

调整后的 RCA 指数通过测度一国本国增加值出口中某一产品的增加值所占份额与世界增加值出口中的某产品增加值所占份额的比重，衡量一国某产品在国际市场上的竞争力，同时可以反映该国该产品在全球价值链中的分工状况。

下面利用 Adjusted RCA 指数对各国 2011 年制造业总体的国际竞争力状况进行测度，得出的结果如下：

表 5－2　2011 年主要国家和地区制造业调整后的 RCA 指数值

	韩国	中国	日本	中国台湾	德国	意大利	美国
调整后的 RCA 指数	1.47	1.36	1.36	1.36	1.33	1.30	1.03

资料来源：笔者利用 TiVA 数据库计算所得。

根据调整后的显性比较优势指数核算，韩国和中国制造业在数据库国家中排名靠前，分别位列第一和第二位。然后是日本，中国台湾和德国，而美国位列第 24 位。产生这种统计结果的原因是因为，显性比较优势指数仅从出口一个方面研究一国的贸易和分工状况，并没有考虑到进口。这种研究方法在全球价值链分工模式产生之前还是比较有效的，因为一国的出口产品大都由本国完全制造，直接研究出口可以较好地反映该国产业的生

① 王直，魏尚进，朱坤福，总贸易核算法：官方贸易统计与全球价值链的度量［J］．中国社会科学，2015（9）：108－127.

② 文东伟，增加值贸易与中国比较优势的动态演变［J］．数量经济技术经济研究，2017（1）：58－75.

产能力和竞争力。但是在垂直专业化分工的模式下，根据所处价值链环节的不同，一国出口中可能涵盖较大比重的别国附加值。在这种分工背景下，只看出口不看进口的研究结果会有失偏颇。不考虑 RCA 指数因忽略进口而产生的统计误差，对上表中的计算结果进行比对后可以发现，韩国和中国制造业增加值贸易在全部贸易中所占的比重远高于世界平均水平，在全球价值链分工的参与度很高，在世界经济和世界贸易中的贡献较大。

RCA 指数对于研究国家之间的比对关系有失偏颇，但是利用该指数研究一国比较优势的时间变化和一国内部不同产业之间的横向对比仍然有重要的意义。下面在文中的 5.5 部分，将会对不同技术水平的各行业 RCA 指数进行比对。

（四）调整后的显示性竞争优势指数（CA 指数）

RCA 指数只考虑了出口对于一国比较优势的影响而没有考虑进口。Vollrath T. L（1991）[①] 改进了该评价指数，将进口引入显性比较优势中，建立了一个新的 CA 指数。CA 指数的计算公式如下：

$$CA_{ij} = \frac{X_{ij}/X_i}{X_{wj}/X_w} - \frac{M_{ij}/M_i}{M_{wj}/M_w} \tag{5.9}$$

公式 5.9 中的 M 代表进口，i 代表国家，j 代表产业，w 代表世界。可以看出 CA 指数和 RCA 指数的核算视角基本一致，CA 指数通过将进口引入考察了贸易的双向流动，对于一国的竞争优势有了更全面的评价。采用同样的增加值贸易方法将 CA 指数进行调整，得到公式 5.10：

$$Adjusted\ CA_{ij} = \frac{DVA_{ij}/\ DVA_i}{\sum_i DVA_{ij}/\sum_i DVA_i} - \frac{VAM_{ij}/\ VAM_i}{\sum_i VAM_{ij}/\sum_i VAM_i} \tag{5.10}$$

公式 5.10 中左侧部分与 RCA 指数相同，右侧部分的 *VAM* 我们称之为增加值贸易进口，即一国进口中剔除本国增加值重复计算的部分。通过核

---

① Vollrath T. L, A The oretical Evaluation of Alternative Trade Intensity Measures of Revealed Comparative Advantage, Review of World Economic, 1991, 127 (2).

算可以得出下图：

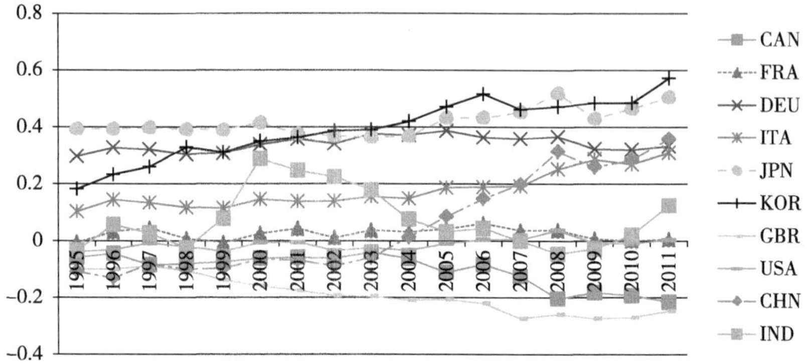

图 5－12　样本国家制造业调整后的 CA 指数

资料来源：作者根据 TiVA 数据库计算所得。

图 5－12 中反映出以下几点：

1. 通过 CA 指数反映出来中国制造业的竞争优势在 1995—2011 年时间段内得到了大幅提升。从 1995 年的－0.1 上升到 2011 年的 0.36，这反映出从进出口总量和比率上分析，中国在制造业上的竞争优势已经得到了有效的提升。

2. RCA 指数和 CA 指数都是从出口量或进出口总量上对一国的比较优势或竞争优势进行评价，总量评价有可取之处但也有不足。通过增加值贸易调整后的这两个指数，可以评价各国制造业的增加值进出口量与世界总水平相比的情况及各国的产业结构。也就是说，两个指数能在很大程度上反映出中国的“制造大国”地位，同时反映出中国的经济发展和贸易发展在很大程度上依赖于制造业行业。然而中国制造业具体在价值链中的实际地位则需要结合 GVC_ position 等指数进行综合评价。

五、中国制造业在全球价值链中的嵌入模式

OECD 按照《国际标准产业分类》（ISIC3.0 版），根据生产或者增加

值中的研发密度（R&D Intensity）将制造业划分为高技术、中高技术、中低技术、低技术四个层次（分类详情见附录4）。为分析中国制造业在全球价值链的嵌入模式，本书将 TiVA 数据库中的 NACE 产业代码与 ISIC 代码进行比对，借鉴 OECD 的分类方式，研究中国制造业在不同类别制造业中的表现（具体比对情况详见附录5）。

下面我们从增加值的视角，综合利用 OECD 对于制造业行业的分类方法，重新对中国制造业 1995 年至 2011 年贸易增长模式和嵌入全球价值链的方式进行分析。

（一）中国制造业各行业在全球价值链中的参与

首先从增加值贸易总量看，中国制造业在 1995 年到 2011 年间实现了17% 左右的增长。在全部的制造业贸易增长中，每个行业的贡献率并不相同。在研究每个细分行业的增加值出口量变化后，可以看出电子与光学设备制造业及交通运输设备制造业分别实现了 40% 以上的增长，在全部的制造业中表现突出。也就是说中国制造业的贸易增长中电子与光学设备制造业、交通运输设备制造业两个行业表现较为突出。根据制造业技术层次的分类两个行业分别属于高技术、中高技术制造业，中国在这两个行业的增加值贸易量迅速增加可以反映出中国制造业在两个行业中更好地参与到了全球竞争中。

在增加值贸易结构上进一步分析中国制造业增加值出口的行业组成，对比后可以发现，中国制造业增加值贸易的行业组成结构出现了变化。2011 年与 1995 年的数据相比，主要的变化有以下几点：1. 食品、饮料与烟草制造业，纺织品、皮革与鞋类制造业两个行业的比重出现了大幅度的降低。从 1995 年总计 45% 的比重，下降到 2011 年总计 21%。2. 电子与光学设备制造业，交通运输设备制造业两个行业所占的比重大幅上升。从 1995 年分别占比 12%、4%，上升到 2011 年分别占比 32%、9%。

总结来看，增加值贸易比重下降的两个行业为技术含量低的制造业行业，属于劳动密集型产业。增加值贸易比重上升的两个行业为技术含量较高的资本、技术密集型行业。可见，中国制造业的产业结构在1995年至2011年间得到了优化和调整，更多的资源和生产力投入到技术含量较高的产业中。反映出中国制造业的整体实力和产业结构通过参与国际贸易和国际分工得到了较好的提升和优化。自身实力的提升是国际分工地位提升的基础，增加值贸易量的产业构成也反映出中国从依靠劳动密集型产业出口逐渐转变为依靠资本和技术密集型产业的出口，这一点反映出中国在国际分工中的地位得到了提高。

一国融入全球价值链的模式可以从两个方面进行研究，一方面研究该国在哪些行业参与国际分工和贸易，参与行业技术含量和增加值率提高就可以反映出该国的国际分工地位得到提升。另一方面研究在同一行业或产业内部，该国从事的生产环节变化，如果从低附加值环节提升到高附加值环节就可以反映出该国的国际分工地位得到了提高。

根据对中国制造业增加值贸易结构的分析可以得出，中国制造业在参与国际分工的行业层面得到了优化和提高，国际分工地位有了一定幅度的提升。

（二）中国制造业的发展路线

第二个层面，分析不同产业内部中国的国际分工地位有什么变化，从而了解中国制造业在不同技术层次的制造业的发展路径。

（1）低技术和中低技术制造业

将中国制造业细分行业中的低技术行业和中低技术行业进行单独分析，分析中利用测算的全球价值链分工地位指数进行跨时间和跨国别的多角度比对。

首先对于1995年至2011年间中国制造业中的低技术和中低技术行业的全球价值链分工指数汇总，见表5-3：

表 5－3　中国低技术和中低技术行业全球价值链分工地位指数的变化

行业	技术类别	1995 年	2000 年	2005 年	2011 年	变化率
食品、饮料、烟草制造	低	－1.2934	－1.1460	－0.5055	－0.1215	90.61%
纺织品、皮具制造	低	－1.5578	－1.4491	－1.1962	－1.1229	27.91%
木材制品	低	－1.3844	－1.2170	－1.1997	－1.3770	0.53%
纸张制造和印刷业	低	－1.2290	－1.0324	－0.7773	－0.5936	51.70%
成品油和核燃料制造	中低	－1.1621	－1.0975	－0.7510	－0.5498	52.69%
橡胶和塑料制品	中低	－1.3602	－1.5253	－1.2221	－0.9833	27.71%
其他非金属矿产品制造	中低	－1.3677	－1.1994	－1.4926	－1.5783	－15.40%
金属制造	中低	－0.5758	－0.3410	－0.2560	0.0412	107.16%
金属制品（除机械设备）	中低	－1.3180	－1.5134	－1.3014	－1.1939	9.42%
其他未分类回收	低	－1.2947	－1.3662	－1.0710	－0.7522	41.90%

通过表 5－3 的分析，中国制造业中的低技术行业和中低技术行业分支，除了非技术矿产品制造业的分工地位出现小幅波动和下降以外，其他的行业均在 1995 年到 2011 年间实现了上升。其中变化较突出的是食品、饮料、烟草制造业和金属制造业，实现了高于 90% 的增长率。对比来看，分工地位变化较小的是木材制品和金属制品业。

表 5－4　2011 四国低技术和中低技术行业全球价值链分工地位指数比对

行业	中国	韩国	美国	日本
食品、饮料、烟草制造	－0.1215	－0.2057	0.7330	2.2724
纺织品、皮具制造	－1.1229	0.2981	1.3255	1.6263
木材制品	－1.3770	2.3983	1.1060	3.9542
纸张制造和印刷业	－0.5936	0.0317	0.1347	1.7714
成品油和核燃料制造	－0.5498	－2.9981	－1.0918	－0.5971
橡胶和塑料制品	－0.9833	－0.3834	1.0236	0.4872
其他非金属矿产品制造	－1.5783	－0.2140	0.5354	－0.1230
金属制造	0.0412	－1.4320	0.6213	－0.0064
金属制品（除机械设备）	－1.1939	－0.8531	0.1691	1.6770
其他未分类回收	－0.7522	1.7503	0.2753	0.8385

对比表 5－4 中四国中日韩美在 2011 年的各行业价值链分工地位指数，

可以看出在低和中低技术行业中国制造业的分工地位虽然在十几年间得到了提升，但是，中国制造业与韩日美三国相比依旧存在较大差距。

（2）中高技术和高技术制造业

第二部分对于制造业中技术分类较高的几种行业进行分析，同样进行跨时间和跨国家层面的分析，分析结果如表5－5：

表5－5　中国中高技术和高技术行业全球价值链分工地位指数的变化

行业	技术类别	1995年	2000年	2005年	2011年	变化率
化学品和化工产品制造	中高	－1.5399	－1.2752	－0.8706	－0.7523	51.14%
机械设备制造	中高	－0.5803	－0.8219	－0.6757	－0.4695	19.09%
电脑、电子和光学设备	高	－1.4495	－1.5439	－1.6278	－1.3769	5.01%
电器设备和器材制造	高	－1.8857	－2.0256	－1.5450	－1.3319	29.37%
汽车拖车和半拖车制造	中高	0.2865	0.3158	0.5668	0.7373	157.40%
其他交通设备制造	中高	－0.3395	－0.2623	0.0401	0.0163	104.79%

通过对中国制造业中的中高和高技术类别的行业全球价值链分工地位指数的对比发现，中国制造业的全球价值链分工地位都得到了提升。其中提升幅度最大的是汽车拖车和半拖车制造业和其他交通设备制造业，地位指数的上涨幅度达到100%以上。上升比率最低的是电脑、电子和光学设备业，整体来看在1995年到2011年间中国在该行业的分工地位基本没有发生变化。

下面研究以上行业中，中国和其他国家之间的分工地位对比情况。同样使用与中国贸易往来较密切的韩日美三个国家作为比对国，观察中国制造业的分工状况。对比情况见表5－6：

表5－6　2011四国中高和高技术行业全球价值链分工地位指数比对

行业	中国	韩国	美国	日本
化学品和化工产品制造	－0.7523	－1.2179	0.2195	0.5615
机械设备制造	－0，4695	－0.6672	0.5500	－0.0219
电脑、电子和光学设备	－1.3769	－0.1212	1.3828	1.5642
电器设备和器材制造	－1.3319	0.1184	1.3620	0.9627
汽车拖车和半拖车制造	0.7373	－0.8727	0.5472	0.3002
其他交通设备制造	0.0163	－0.9977	0.8747	－0.0428

通过跨国别比较发现，中国在汽车拖车和半拖车制造业和其他交通设备制造业中的分工地位表现较突出，仅从价值链分工指数看，在这两个行业中国的分工地位竟然高过了美国和日本。这种结果与我们传统的看法和现实中的情况并不完全相符，中国的汽车制造业与美国和日本相比，差距依旧较大。按照我们的传统看法，美国和日本主要负责的是汽车生产中的研发和市场销售等附加值较高的环节，中国的地位定要比美国和日本低很多。通过分析中国汽车制造业行业参与国际分工的方式，可以帮我们理解分工地位指数中表现出的异常。1995 年到 2011 年的十几年间，中国汽车产量呈直线上升的趋势，2011 年中国汽车产量达到 1841. 89 万辆。与此同时，我国汽车产品出口也呈现出了快速增长的势头。1995—2011 年间，中国汽车制造业出口的平均增速高达 32% 。虽然经历了经济危机的波动，但中国汽车制造业出口在世界市场上所占的比重一直保持在 3%～4% 的水平，位居世界的前十位。分析中国汽车制造业出口的产品结构发现，出口产品结构基本保持稳定，主要分布在汽车零部件、专门设计和装备的运输集装箱、残疾人座车、拖车、半挂车、不具有机械推动装置的其他车辆等。其中汽车零部件是当前我国汽车制造业出口的主要产品，占到 30%～40% 的比重。中国大量汽车零部件的生产和出口，被其他国家用于汽车的继续生产的中间品投入，极大地提升了中国汽车制造业行业在全球价值链中的前向参与度，从而拉高了中国的国际分工地位指数。

汽车制造业之外的其他高、中高技术行业中国与日美的差距则较大。其中最为突出的是电子和光学设备制造业，中国与日、美之间的差距非常大。引入多个国家进行此行业单独分析，作图（5－13）如下。

通过计算机和电子设备业各国的全球价值链地位指数的比对可以看出，中国在该行业的分工地位较低，与第一梯队的日本和美国，第二梯队的德国、法国和英国等相比差距较大。在电子和光学设备制造业的分工状况可以反映出，中国在 1995 年到 2011 年间在该行业并没有实现大程度上的地位提升。中国在电子和光学设备制造业的全球价值链的参与方式位于

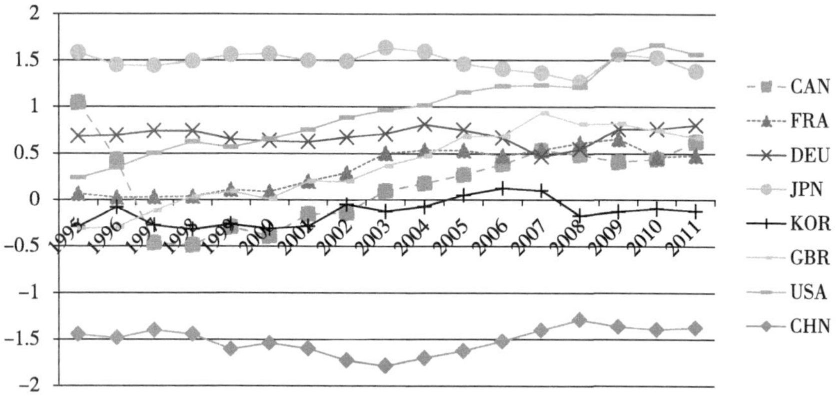

图 5－13　多国电子和光学设备制造业的国际分工地位指数变化

下游，主要进行的是附加值较少的生产环节，还未上升到依靠高技术行业的水平。

通过 1995 年到 2011 年各细分行业的全球价值链地位指数变化可以分析出，中国制造业每个行业都实现了国际分工地位的提升，然而提升程度有大有小。提升幅度较大的是汽车制造业、食品、饮料与烟草制造业和纺织品、皮革与鞋类制造业。提升幅度较小的是电子、电器与光学设备制造业和机械设备制造业。根据上一节的分析可以得出中国在劳动密集型产业的贸易量增长虽然不大，在全部制造业出口中的比重也大幅度下降，但是从全球价值链的视角进行分析则反映出中国在该类产业的国际分工地位大幅度提高。另一方面，中国在资本、技术密集型制造业行业中的贸易量得到了大幅度提高，在制造业中的比重也得到了提升，但是在国际分工中的分工地位提升并不明显。中国在该类行业的贸易量增长依旧依靠规模的扩张，在价值链分工环节中依旧处于下游低附加值的环节。特别是上一节分析中指出的，通过与其他国家同一个行业的国际分工地位进行对比就可以看出，中国的国际分工地位水平与发达国家差距依旧较大。且对比不同行业的分工地位指数可以发现，所有的制造业行业中，地位较高的是运输设备制造业和食品、饮料和烟草制造业，地位较低的是电子、电器和光学设备制造业。

综上所述，中国制造业在全球价值链分工中的嵌入模式可以从两个层面进行分析。一方面，从产业细分和产业结构的层面来看，中国制造业在全球贸易和分工中从主要依靠劳动密集型的低技术类行业转变为主要依靠资本、技术密集型的中高技术类行业。从全球价值链的嵌入位置上得到了提升。另一方面，从产业内部的生产环节分析，却显示出与产业结构相反的情况。中国在劳动密集型的制造业行业中的分工地位提升迅速，在中高和高技术型制造业中的分工地位却提升缓慢。意味着中国产业结构的提升主要依靠的是传统生产环节在量上的增加和规模的扩大，在环节改进上表现并不突出。

原有的关于国际分工地位的分析中，要么主要依靠 Koopman 提出的国际分工地位指数指标进行研究，忽视在全球价值链整体位置也就是贸易结构的变化；或者研究中国出口产品结构和技术含量的变化，反映中国在全球价值链中整体位置的提升，却忽视了每个细分价值链条中中国制造业生产环节的变化。两者一般偏废其一，本书则将两个视角进行了较好的结合，作为前期研究的有效补充。

第六章　中国制造业国际分工地位的影响因素：实证研究

一国制造业在全球价值链分工中处于上游还是下游直接影响该国制造业在国际分工中的贸易获利，正如微笑曲线理论所分析的，一国可以获得贸易收益及可以创造的增加值是随着价值链从上游到下游逐渐减少的。所以如果一国处于价值链的上游就意味着该国制造业为下游国家和企业提供更多的中间品使用，而使用较少的别国增加值，在全球价值链分工中居于有利地位，在价值链分工中体现为技术研发、原材料生产、零部件和半成品生产等环节。反之，如果一国处于价值链的下游就意味着该国制造业使用更多的别国中间品，而由本国所创造的增加值则会较少，在价值链分工中主要为加工组装等环节。

在研究价值链分工地位的影响因素方面，主要有两个研究视角。一类研究主要基于传统的贸易和分工理论，从比较优势出发研究要素禀赋和技术水平等因素对一国国际分工地位的影响。有代表性的研究结论有，认为以熟练劳动为代表的人力资本积累有助于提升一国在全球价值链分工中的地位（张会清，2009）；要素禀赋是影响国际分工地位的重要因素（张奎亮，2010）等。杨高举，黄先海（2013）的研究中对中国高技术产业国际分工地位的影响因素进行了实证研究，研究结果发现国内技术创新、物质资本、人力资本等要素的协同性提升对提高中国高技术产业国际分工地位起到关键性作用。Erik van der Marel（2015）通过实证研究发现物质资本占 GDP 的比重、对外直接投资的限制、劳动力市场的有效性等因素对一国在全球价值链中的地位都有显著的影响。另一类研究的研究视角，则在传统的比较优势基础上考察了制度环境等国家特征对一国国际分工地位的影响。Aderson 和 Marcouiller（2002）的研究比较早地研究制度与贸易的关系，认为制度对一国的国际贸易会产生重要的影响。Berkowitz et al（2006）在已有研究的基础上进一步得出一国完备的制度可以提高本国贸易量的结论。李国学、张宇燕（2010）的研究也表明，制度的健全程度会影响中国在全球价值链中发挥作用，也会影响其升级战略实施的效果。

综上所述，影响一国国际分工状况和在全球价值链中地位的因素是多方面的。在这个部分的研究中，首先从影响机理的层面对影响一国行业在全球价值链地位的因素进行梳理，第二部分通过建立中国制造业分行业的全球价值链地位影响因素的实证模型，对影响中国制造业全球价值链分工地位的因素进行实证检验。

一、国际分工地位的影响因素机理分析

根据全球价值链分工模式的基本状况及制造业的行业特征，可以将影响一国制造业在全球价值链中分工地位的因素分为三个层面，进行总结和提炼（如下图）。下面分别对其影响机理进行分析：

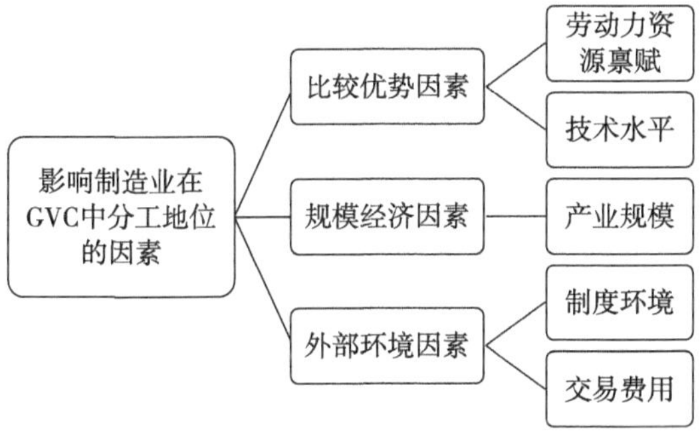

图 6－1　影响制造业国际分工地位的因素

（一）比较优势因素

以产品内分工为主要特征的全球价值链分工模式，并没有改变传统国际分工的基础。也就是说经典的比较优势理论和要素禀赋理论等国际分工理论，在当前全球价值链的国际分工背景下依旧可以适用。按照传统贸易理论分析，影响一国参与国际分工和国际贸易的因素包括一国的生产率水

平、技术水平和要素丰裕度等因素。上述因素也同样成为影响一国在全球价值链中分工地位的核心因素。

首先，一国的技术状况会直接影响该国的产业竞争力和国际竞争力，进而影响该国制造业在全球国际化分工中的表现和地位。高技术水平的制造业行业中所涵盖的附加值和商业利润要高于低技术含量的产业。也就是说，生产和出口高技术水平制造业产品的国家在全球分工中的地位要高于生产和出口低技术含量产品的国家。再具体到制造业行业内部，观察不同技术含量生产环节的分工情况，技术依旧是核心竞争要素，是国家和企业提升本国制造业分工地位的主要切入点。在全球价值链下，哪个国家掌握了产品生产的核心技术就掌握了该产品价值链中附加值最高的环节，对产品价值链的控制能力也就达到了最大。高的技术水平可以保证企业获得价值链上较大的贸易利益，在国际分工中也就处于更高的地位。一般情况下，技术水平对全球价值链下分工地位的影响是正向的，技术水平越高则国际分工地位越高。

其次，要素丰裕度会影响一国的国际分工状况，这一点在赫克歇尔和俄林所提出的要素禀赋理论中就已经得以证实。要素禀赋理论中指出一国应集中生产本国丰裕要素密集的产品并出口，从而参与国际分工。在当前全球价值链的分工模式下，要素禀赋依旧是影响一国国际分工地位的主要因素。具体到制造业，根据制造业的行业特征，影响制造业发展的生产要素主要有劳动力、资本、技术等。除去上一部分已经分析的技术要素，劳动力要素禀赋状况和资本要素状况直接影响一国的国际分工从而影响该国制造业在全球价值链中的地位。劳动力的数量和价格是直接影响制造业发展的基础性要素，也是决定制造业产品生产成本的关键因素。丰裕的劳动力资源和低廉的劳动力价格，有利于一国组织发展劳动密集型制造业和产品生产中劳动密集型环节的生产。劳动力资源的丰富和廉价一方面会促进一国制造业参与国际分工，降低该国的生产成本提高出口产品的竞争力，从而在一定程度上提高该国在国际分工中的地位。另一方面，如果一国严重依赖自身丰裕的劳动力资源，从事产品生产链中的加工组装环节，会导致该国处于全球价值链的下游，有可能会降低该国在全球价值链中的分工地位。

资本是制造业发展的重要投入要素，充足的资本是扩大生产规模实现规模经济，提高产业竞争力的重要前提。在经济全球化的背景下，资本要素实现了全球的流动。一国制造业发展中所使用的资本要素一部分是国内的资本，另一部分则可能来源于国外的资本投入。国际资本的流入一方面反映出一国要素市场开放的水平，另一方面也为本国产业的进步和发展提供了有效的要素供给。拥有充足资本要素的国家，其制造业特别是资本需求较多的资本密集型产业和生产环节可以得到较好的发展，从而提升本国制造业的竞争力和在国际分工中的地位。也就是说一国制造业在全球价值链中的地位会受到该国资本存量和国外直接投资数量的影响。一般情况下，资本要素对于国际分工地位的影响是正向的。

（二）规模经济因素

国际分工从产业间发展到产业内，进而发展到产品内，这一分工形式的转变有一项重要的前提条件就是规模经济的存在。不同产品以及不同生产工序所需要的有效生产规模不同，同时规模经济的存在会使得一国在某一产品或生产工序时，随着规模的增加实现平均生产成本的降低，从而有效地提高生产效率增加利润。这一规模经济的情形可以解释一国专业化开展某一生产任务，并从国际分工中获利的现象。另一方面，同一条价值链上不同生产工序所需要的有效生产规模差距越大，则通过全球价值链分工的方式提高效率降低成本的可能性也就越大。所以一国制造业在全球价值链中的国际分工地位会受到该国制造业产业量和生产规模的影响。比较优势因素是决定国际分工地位的基础，而规模经济则强化了这种状况。另一方面，行业规模的状况又会导致各国的分工出现“锁定”的效应。也就是说各国参与全球价值链的分工格局一旦形成，这一分工格局在很长一段时间内就很难改变，出现所谓的“锁定”的效应。综上所述，一国制造业行业的生产规模和规模经济的状况会影响一国在全球价值链中的地位。

（三）外部环境因素

对国际分工地位影响因素的以上两个层面可以归为一类，即内部因素。然而除了一国制造业产业内部的比较优势、要素禀赋、产业规模等因素会影响分工地位以外，产业外部的外部环境因素也会影响一国制造业的发展状况和竞争力，从而改变该国在全球价值链中的地位。市场环境因素主要包括政府政策、制度环境、交易费用、市场开放度等。首先，一国国内制度是否有利于制造业的发展，是否有利于该国企业参与国际贸易和分工，直接影响该国制造业引进来走出去的可能性和程度。所谓制度环境，主要指的是贸易自由化和投资自由化的程度。贸易自由化可以推动制造业更好地利用国内外两个市场两种资源，是有效地推进产业进步的政策。而投资的自由化则有利于产业发展中更便捷地获取资本要素，也是扩大产业规模提高产业竞争力的有效途径。一个较为开放和自由的市场环境可以为制造业参与全球价值链分工提供良好的基础。A. Deardorff 在其 2001 年的研究中就指出制度因素是制约和推动全球价值链分工的重要因素。Moran（1998）也指出自由开放的市场环境和制度因素，有利于东道国建立出口导向型企业，同时这个企业也更容易被纳入跨国公司全球化生产和采购系统中，更好地参与全球价值链分工，从而帮助企业获得更多提升其技术水平的机会。

另一方面，交易成本的高低也会影响一国制造业在全球价值链中的分工地位。交易成本的概念最早是由科斯在 1937 年提出的，他指出经济组织中的交易成本决定市场中的要素配置，企业内部的边际交易成本和市场的边际交易费用决定企业的经营边界，这也就是我们通常提到的交易成本理论。在当前全球价值链的分工模式下，企业之间国际分工的组织方式可以分为两种：一是以跨国公司为主导的以其子公司和分公司为参与主体的树形生产模式；二是不同国家企业之间为了同一件产品的生产进行合作，所形成的交互式网络化的生产组织模式。交易成本理论指出，决定企业生产组织形式的有资产专用性、交易的不确定性、交易频率等要素。如果交易成本太高，全球价值链下的跨国企业就会主动在国外建立子公司或分公司从而实现第一种生产模式。如果交易成本低，则企业之间就会更加倾向于通过直接合作完成产品的生产。不同的生产合作模式对国内制造业企业所带来的影响是不同的，跨国公司为主导的分工模式对于母公司所在国来说，其国际分工地位较高，位于价值链上游，是整条价值链的“链主”。对于跨国公司子公司所在国来说，在价值链中主动权较差，生产的安排完全由母公司决定。母公司和子公司之间的公司内部交易的存在使得在企业利润的分配上可能会出现不公平的情况，同时会有一系列非市场因素影响各国企业在全球价值链中的分工状况。相比跨国公司母子公司的合作模式，当交易成本较低时，不同国家企业通过平行合作、工序外包等方式进行生产合作时，各国企业之间的关系就会较为平等，各国之间的贸易和合作主要靠市场经济进行调节。综上所述，交易成本的高低会影响各国企业之间的合作模式，从而影响各国产业在全球价值链中的分工状况。

二、中国制造业国际分工地位影响因素的实证检验

本书依照上一部分对影响全球价值链分工地位的因素分析，构建实证检验模型。研究影响中国制造业各细分行业在全球价值链分工地位的因素有哪些，这些因素的影响是积极的还是消极的。通过实证检验的结果分析哪些因素对于中国制造业国际分工地位有影响，从而得出中国制造业在国际分工中的状况及提升中国制造业地位可以采取的措施。

（一）变量选取

1. 全球价值链分工地位（GPOS）

在实证研究中，我们利用第五章测算的中国制造业各细分行业的 GVC_

position 指数来代表中国制造业的国际分工地位，作为被解释变量。这一指数是当前研究状况下少有的，可以作为基于增加值贸易所提出的衡量一国国际分工地位的代表性指标。这一指数通过对比一国产业在全球价值链中的前向参与度和后向参与度，得出衡量一国在全球价值链中地位的方法。按照该指数的计量方法，如果一国产业在全球价值链中更多地作为产业链前部参与者，则意味着该国产业处于全球价值链的上游。价值链的上游环节意味着更高的增加值率和更高的企业利润和劳动者收入，所以该国产业在全球价值链中的分工地位较高。反之，如果一国产业在价值链分工中，更多地作为产业链后向参与者，则意味着该国处于全球价值链的下游。下游的生产环节意味着较低的附加值和较低的要素所得，所以该国在全球价值链中的分工地位也就较低。

虽然该指数衡量的侧重点在于一国在产业链中位于上游还是下游，并没有把一国产业在全球中的增加值贸易总量、增加值贸易中的产业结构等因素涵盖，无法精确地说明一国产业在国际分工中的实力和地位。但是从增加值贸易出发，对于一国分工地位的衡量已经从原有的总量分析视角转变为比率视角，全球价值链地位指数比较直观地反映出了这一点。另一方面，TiVA 中的数据对于计算全球价值链地位指数提供了有效的数据前提，有利于进一步的实证研究。

2. 比较优势－生产效率（PROD）

借鉴多位学者（Deardorff，1998；卢锋，2004）在研究中得出的结论，比较优势在当前全球价值链背景下依旧具有解释意义，一国的生产效率状况影响产品内分工中的分工地位。基于此，在实证模型的构建中，利用生产效率（PROD）代表比较优势要素。劳动生产率是影响分工和贸易利益分配的重要因素，在测算时采用中国各分支制造业创造的增加值和制造业的年均从业人数进行计算。制造业创造的增加值利用 TiVA 数据库可得，制造业的年均从业人数数据来源于《中国工业经济统计年鉴》。因 TiVA 数据库产业的分类采用 NACE 分类方法，《中国工业经济统计年鉴》采用 GB

分类，在数据统计整理时对不同的统计口径进行重新整理测算。生产效率的计算公式如下（其中 i 表示产业，t 表示时间，VA 表示该产业创造的增加值，L 表示年均从业人数）：

$$PROD_{it} = \frac{VA_{it}}{L_{it}} \tag{6.1}$$

假设 1：生产效率因素与全球价值链分工地位之间存在正相关。

3. 研发强度（RD）

研发强度的大小反映出一国在行业发展中技术开发方面的投入，增加研发投入可以反映出一国对于该行业发展的重视程度，可以在一定程度上提高产业的技术水平，从而改善一国行业在全球价值链中的国际分工状况，使得国际分工地位从增加值含量较少的下游逐步向上游转移。为衡量中国制造业不同行业的研发状况，利用分行业的科研经费投入在行业产值中的比重进行测度作为解释变量。其中，行业研发经费数据来自历年的《中国科技统计年鉴》，行业产值来自历年的《中国工业经济统计年鉴》。

假设 2：研发强度与全球价值链分工地位存在正向的相关关系。

4. 全球价值链参与度（GPAR）

利用第五章测算的全球价值链参与程度（GVC_ participation）作为解释变量，用于衡量一国经济融入全球价值链程度变化对于产业分工地位的影响。通过第五章的数据分析中国制造业的全球价值链参与度可看到，中国制造业在全球价值链中高的参与度基本达到了各国的平均水平。通过实证方法以期研究过去十几年间参与度的变化是否对于分工地位有影响，以及影响究竟是正是负，从而得出参与度与地位之间的关系。数据来源于 TiVA 数据库，经测算后得出。通过现实情况分析，我们认为一个产业参与全球化分工的程度越高，可以利用的其他国家市场和资源的状况就会越好，从而可能会在一定程度上提升该产业在全球价值链中的地位。

假设 3：全球价值链参与度与分工地位指数之间存在正向的相关关系。

5. 控制变量的选取

根据经典的国际分工理论和垂直专业化分工改良后的理论模型分析，一国的国际分工地位还会受到产业规模、要素供给比、行业在国际市场中的出口状况等因素的影响。所以选取以下因素作为控制变量：

（1）规模经济（SCAL）

为了控制行业的规模效应，选择规模经济要素作为控制变量。全球价值链分工下不同的生产环节对于生产规模的有效需求不同，不同的生产规模对于垂直专业化水平的分工和贸易利益的分配有影响。传统研究中对于规模经济因素的评价采用了不同的代理变量进行替代，例如彭支伟等（2008）在研究中采用行业的产出值衡量规模经济；臧新等（2011）的研究中则采用国内生产总值进行了替代。不同的研究视角最终评价的规模经济概念并不相同，上述两种评价指标第一种用于衡量产业层面的规模经济；第二种则用于衡量国别层面的规模经济。在本书中研究的视角为中国的不同制造业行业，所以在研究中采用不同制造业行业的营业收入与企业总数的比重来进行衡量，反映中国制造业各行业的企业状况，增强研究的针对性。数据主要来源于历年的《中国工业经济统计年鉴》。

（2）资本劳动比（KL）

行业的资本劳动比反映出该行业的要素禀赋情况，在理论模型中通过改良的要素禀赋理论证明，在全球价值链下产业的发展和分工地位受到要素丰裕状况的影响。在发展制造业时需要投入多种生产要素，包括资本、劳动、人力资本、土地等。选择资本和劳动要素进行研究，构建要素禀赋（ele）变量。在测算时利用行业内企业的总资产价值 K 与规模以上企业的就业人数 L 的比值，衡量中国制造业各行业的资本劳动比状况，作为衡量行业要素禀赋状况的指标。数据来源：历年《中国工业经济统计年鉴》。

（3）行业出口规模（EXSH）

为了控制行业出口规模对于行业在全球价值链分工地位的影响，采用行业出口量在世界总出口中的占比进行衡量，在模型中引入控制变量行业出口规模。该变量利用我国行业出口规模在全球行业总出口中的比重来进行衡量，数据采用 TiVA 数据库中中国各行业的本国增加值出口量和分行业世界增加值总出口量进行测算。

变量选择和数据来源汇总在表 6－1 中：

表 6－1　变量选择及数据来源

变量	名称	数据来源
GPOS	全球价值链分工地位指数	TiVA 数据库
PROD	比较优势指数	中国工业经济统计年鉴 &TiVA 数据库
RD	研发强度	中国科技统计年鉴
GPAR	全球价值链参与度指数	TiVA 数据库
SCAL	规模经济指数	中国工业经济统计年鉴
KL	资本劳动比	中国工业经济统计年鉴
EXSH	行业出口规模	TiVA 数据库

计量模型的设定如下：

$$Ln\ GPOS_{it} = \alpha_0 + \beta_0 Ln\ PROD_{it} + \beta_1 Ln\ RD_{it} + \beta_2 Ln\ GPAR_{it} + \beta_3 Ln\ SCAl_{it} + \beta_4 Ln\ KL_{it} + \beta_5 Ln\ EXSH_{it} + \mu_i + \varepsilon_{it} \tag{6.2}$$

模型中 $Ln\ GPOS_{it}$ 表示第 t 年 i 产业的国际分工地位，$Ln\ PROD_{it}$ 指的是第 t 年 i 产业的生产率水平，$Ln\ RD_{it}$ 表示第 t 年 i 产业的研发强度，$Ln\ GPAR_{it}$ 指的是第 t 年 i 产业的全球价值链参与度，$Ln\ SCAl_{it}$ 表示第 t 年 i 产业的产业规模状况，$Ln\ KL_{it}$ 表示反映第 t 年 i 产业行业要素禀赋结构的资本劳动比，$Ln\ EXSH_{it}$ 表示第 t 年 i 产业的行业出口规模状况。

TiVA 数据库提供了 1995 年至 2011 年的 17 个制造业行业的增加值贸易数据，本书就选取连续 17 年的 17 个行业进行分析。TiVA 数据库中对于行业的分类采用的是 NACE 分类法，与中国工业经济统计年鉴和中国科技统计年鉴在统计中的行业分类（GB）不同。所以，在进行实证分析之前将两种分类进行对应，将中国统计年鉴中的 30 个左右制造业行业整合对应到 TiVA 数据库 17 个行业中。利用面板数据进行回归分析，样本容量为 17 连续年的 17 个制造业细分行业共计 289 个。具体的变量的描述性统计见表 6－2：

表 6－2　数据的描述性统计

变量	样本数	均值	最小值	最大值	标准差
$GPOS_{it}$	289	－1.123133	－1.323784	－0.7563969	0.1922202
$PROD_{it}$	289	142.7697	6.082543	1066.399	129.2446
RD_{it}	289	82.21892	2.509849	234.8159	56.89228
$GPAR_{it}$	289	58.93702	24.67199	148.8169	21.93736
$SCAl_{it}$	289	1.153319	0.0279782	18.88304	1.892444
KL_{it}	289	32.94515	1.654187	313.6313	33.27073
$EXSH_{it}$	289	0.0651085	0.0024306	0.3574592	0.0627722

根据全球价值链地位的测算显示，中国制造业各细分行业的分工地位都小于零，把在研究中采用价值链指数的绝对值引入模型中，即研究中的价值链地位指数越大，则表示中国某行业的分工地位越低。另外，分析其他因素的统计性质发现，生产效率因素和劳动力成本因素的标准差较大，也就是说中国制造业各细分行业在以上两个要素之间的差距波动较大。相比较而言，规模经济因素和出口规模占比等要素则体现出较小的标准差，也就是说不同行业之间的差异较小。

（二）实证检验结果

本书利用 Stata 12.0 软件对数据进行实证检验，首先对模型中要素进行相关性检验，检验结果见表 6－3：

表 6－3　变量相关性检验

变量	(1)	(2)	(3)	(4)	(5)	(6)	(7)
$LnGPOS_{it}$	1.0000						
$LnPROD_{it}$	－0.4890	1.0000					
$LnRD_{it}$	－0.0148	－0.2539	1.0000				
$LnGPAR_{it}$	0.0692	－0.0577	0.4102	1.0000			
$LnSCAl_{it}$	－0.4148	0.5240	0.1455	0.2982	1.0000		
$LnKL_{it}$	－0.4554	0.4039	0.0796	0.1980	0.5867	1.0000	
$LnEXSH_{it}$	－0.3318	0.3364	－0.1263	－0.4042	0.2240	0.2570	1.000

对模型中的变量之间的相关性进行检验后发现，虽然有个别因素之间存在较大的相关系数，总体来看模型的相关系数较小。对于各个解释变量的方差膨胀因子（VIF）进行测度，最大的 VIF 值为 5.73，平均 VIF 值为 3.37，变量之间存在严重共线性的可能性较小。

1. 中国制造业行业整体研究

实证研究的第一部分首先针对中国制造业全部细分行业进行实证研究，研究中针对 1995 年到 2011 年连续 17 年的 17 个制造业细分行业组成的面板数据进行。面板数据包括时间序列数据和截面数据两个计量纬度，可以有效地提高估计的准确性同时改善遗漏变量问题。在研究中首先采用静态面板数据进行分析，后采用动态面板进行研究，两种方法同时采用可以保证实证研究的科学性和研究结果的准确性。

（1）静态面板实证检验

在进行静态面板实证检验之前，首先对模型进行异方差、组内自相关与组间同期相关检验。异方差检验显示 P 值为 0.331，不能拒绝同方差的原假设，认为不存在组建异方差。组内自相关的检验显示，P 值为零，强烈拒绝不存在一阶组内自相关的原假设，认为存在组内一阶自相关。组内同期相关的检验也显示 P 值为零，强烈拒绝无组间同期相关的原假设，认为存在组间同期相关。

在研究方法上同时采用固定效应检验和随机效应检验，通过 hausman 检验的 P 值为 0.0000 应该选择固定效应模型，检验结果见表 6－4：

表 6－4　静态面板的实证检验结果

变量	固定效应	随机效应
$LnPROD_{it}$	-0.1576^{**} (−2.76)	-0.0842^{***} (−5.65)
$LnRD_{it}$	-0.0123^{*} (−1.89)	-0.0182^{*} (−1.95)
$LnGPAR_{it}$	-0.0785^{*} (−2.35)	-0.1115^{***} (−3.21)

续表

变量	固定效应	随机效应
$LnSCAl_{it}$	0. 0188 (0. 37)	-0. 0056 (0. 38)
$LnKL_{it}$	-0. 0687 ** (2. 19)	-0. 0255 * (-2. 01)
$LnEXSH_{it}$	-0. 2098 *** (-5. 51)	-0. 0946 * (-1. 96)
常数项	0. 3369 (0. 54)	0. 7951 *** (5. 41)
样本数	289	289
R^2	0. 7180	0. 6450
F 值/Wald 检验	81. 06 (0. 000)	332. 18 (0. 000)

注：***、**、* 分别表示 1%、5%、10% 的显著水平；括号内为 t 值或 z 值。

因为在模型设定时将被解释变量价值链分工地位全部取绝对值，从负数调整为正数，也就是说模型中的被解释变量越大则表示该产业的国际分工地位越低。所以模型所有的变量系数都应该反向进行解释，对于被解释变量的分析也需要逆向进行。根据实证分析的结果发现，产业的生产率水平、研发投入、劳动力成本因素前的系数均为负值，且较显著。这说明产业的生产效率水平的增加、研发投入的增加和全球价值链参与度的提高都有利于提高产业的国际分工地位。其中生产效率因子对于全球价值链地位的影响系数为 0. 1576，也就是说生产效率提升 1% 会带来全球价值链分工地位上升 0. 15% 左右。研发投入对于全球价值链地位的影响系数为正，研发投入增加 1% 会带来分工地位提高 0. 0123%。全球价值链分工参与度对于国际分工地位的影响也是正向的。国际分工参与度增加 1% 会带来该行业国际分工地位提高 0. 0785%。以上三种因素对于国际分工地位指数的影响方向，与模型设定前的推断假设基本一致。实证检验结果中的产业规模因素并不显著，而资本劳动要素比和出口规模比则都对国际分工地位指数有正向的影响。说明行业的资本劳动要素比越高，且出口规模在世界总出口中的比重越高，则该行业在国际分工中的地位就会越高。

（2）动态面板实证检验

实证检验中的内生性问题可能会导致检验结果出现偏差，动态面板可以较为有效地解决内生性问题。动态面板数据在研究模型设定中加入两个被解释变量的滞后一期，是考量了企业行为的延续性特征引入的。根据新贸易理论，企业的出口行为具有较强的持续性倾向，从而导致一国在全球价值链分工中的地位除了受到本国的比较优势和要素禀赋的影响以外，还会受到本国上一期状况的影响。也就是说全球价值链地位指数在短期内难以改变，特别是处于价值链低端的一些国家常常困在价值链的低端难以上移，学者们在研究中提到的“低端锁定”说明的就是此类状况。基于这种考量，在计量模型中引入了两个被解释变量的滞后一期，以期得出有效结论。

因为随着中国制造业各行业价值链地位的变化，对于中国制造业各产业的产品的需求也会提高，需求的提高将会带动中国制造业产业规模和增加值创造的提升。同时，中国制造业分工地位的变化也会对相关解释变量产生影响。实证模型中可能会存在内生性，也就是逆向因果的状况。模型构建中难以选择合适的工具变量进行替代，又因为模型中引入了被解释变量的滞后一期。所以在本书模型的估计中，使用动态面板的 GMM 估计方法，改善模型设定中可能存在的内生性问题。动态面板估计方法主要有差分矩估计和系统矩估计两种，相对于差分 GMM 仅采用水平值滞后项作为差分方程的工具变量，系统 GMM 进一步采用差分变量的滞后项作为工具变量。一方面增加了可用的工具变量，另一方面，估计过程中同时使用了水平方程和差分方程，使结果更有效。本书选用差分 GMM 和系统 GMM 同时进行实证检验，检验结果如下（表格中将静态面板的检验结果列入，便于对比分析）：

表 6－5　动态面板的实证检验结果

变量	静态面板	动态面板	
		系统 GMM	差分 GMM
$LnGPOS_{i,t-1}$		0.6343*** (22.24)	0.6258*** (33.04)
$LnPROD_{it}$	−0.1576** (−2.76)	−0.0865*** (−4.78)	−0.0448*** (−3.10)
$LnRD_{it}$	−0.0123* (−1.89)	−0.0537*** (−10.41)	−0.0453*** (−8.42)
$LnGPAR_{it}$	−0.0785* (−2.35)	−1.0184*** (−12.25)	−0.7086*** (−10.05)
$LnSCAl_{it}$	0.0188 (0.37)	0.1534*** (11.12)	0.1031*** (10.02)
$LnKL_{it}$	−0.0687** (2.19)	−0.0197*** (−3.08)	−0.0003 (−0.07)
$LnEXSH_{it}$	−0.2098*** (−5.51)	−0.2674*** (−21.28)	−0.2517*** (−23.06)
常数项	0.3369 (0.54)	4.0387*** (9.81)	2.5278*** (7.86)
样本数	289	272	255
Wald 检验	81.06 (0.000)	2620.16 (0.0000)	4407.67 (0.0000)
一阶自相关检验		−3.1752 (0.0015)	−3.6229 (0.0003)
二阶自相关检验		−0.9066 (0.3636)	−0.8745 (0.3819)
Sargan 检验		16.8054	16.8442

注：***、**、*分别表示 1%、5%、10%的显著水平；括号内为 z 值。

使用系统 GMM 的前提条件是扰动项不存在自相关且所选取的工具变量都有效。通过一阶自相关和二阶自相关的检验结果可以看出，在 5%的显著性水平下，差分 GMM 和系统 GMM 的扰动项查分项存在一阶自相关，不存在二阶自相关。

动态面板的实证研究结果显示，被解释变量的滞后一期对于被解释变量有较大的影响。估计结果显示滞后一期的系数为正，也就是说取正后的分工地位指数的前后期之间存在正向影响。处于价值链低端的行业，会在之后的时间里更倾向于和原来的发展趋势相同，继续位于低端。同样位于价值链高端的行业，则会产生继续在高端发展的正向效应。这一点在许多学者的研究中都得以证实和提出，有些学者将其称为“价值链锁定”效应。与静态面板中的结论相似，动态面板的实证研究中显示，产业的生产效率对于提升中国制造业在全球价值链中的分工有正向的影响。系统 GMM 显示，某产业生产效率的提高 1% 会带来 0.09% 左右该产业在全球价值链上地位的提升。有同样作用的还有研发强度因素，产业上研发强度的增加会带来该产业在全球价值链地位的提升，系数在 0.05 左右。全球价值链参与度指数对于产业的国际分工地位指数的影响也是正向的，按照系统 GMM 的实证结果，产业全球价值链参与度提高 1% 可以带来国际分工地位 1.0184% 的上升。其他控制变量的系数与静态面板中的估计结果基本一致，其中产业规模对于分工地位的影响为负，这一点与之前的预估有所不同。资本劳动比和出口规模的影响则与之前的静态面板保持一致，资本劳动比和出口在世界中占比越大则产业的国际分工地位越高。

2. 中国制造业分行业检验

按照 OECD 对于制造业技术水平的分类，将中国制造业分为两类进行分行业的对比研究。其中一类为高和中高技术行业，另一类为中低和低技术行业，通过对比研究以期得到解释变量对于不同制造业行业的不同影响。实证检验结果见表 6-6，其中模型 1 为高和中高技术行业的系统 GMM 检验结果，模型 2 为低和中低技术行业的系统 GMM 检验结果。

表 6-6　分行业的实证检验结果

变量	模型（1）	模型（2）
$LnGPOS_{i,t-1}$	0.3202* (2.21)	0.2734* (2.16)

续表

变量	模型（1）	模型（2）
$LnPROD_{it}$	-0.1189*** (-3.63)	-0.0901** (-2.47)
$LnRD_{it}$	-0.0404*** (-5.69)	-0.0795*** (-5.69)
$LnGPAR_{it}$	-1.0184*** (-12.25)	-0.7346** (-3.10)
$LnSCAl_{it}$	0.2275*** (4.99)	0.1487*** (5.75)
$LnKL_{it}$	-0.0557** (-2.26)	-0.0369*** (-2.60)
$LnEXSH_{it}$	-0.3393*** (-4.36)	-0.2877*** (-23.06)
常数项	2.1412* (2.13)	2.9811*** (3.88)
样本数	96	160
Wald 检验	75.10 (0.0000)	270.63 (0.0000)
一阶自相关检验	-1.7635 (0.0234)	-1.8815 (0.0378)
二阶自相关检验	-0.5632 (0.5423)	-0.4900 (0.6241)
Sargan 检验	5.2443	6.3890

注：***、**、*分别表示1%、5%、10%的显著水平；括号内为z值。

分行业的实证检验分别对中国制造业中的高技术行业和低技术行业进行对比研究，选择整体行业研究中更有效率的系统GMM方法进行两次检验。检验结果显示价值链分工地位的滞后一期对于高技术行业的影响大于低技术行业，影响系数分别为0.3202和0.2734。也就是说，滞后一期的分工地位变化分别会给当期高技术行业和低技术行业的分工地位带来0.3202%和0.2734%的影响。产业生产效率的变化对于高技术行业的影响也大于低技术行业，提升高技术产业自身的生产效率对于提高行业的国际分工地位具有更强的正向效应。研发投入对于国际分工地位的拉动作用在低技术行业表现更明显，在研发投入方面1%的提升可以带来高技术行业分工地位0.0404%的提升，或者带来低技术行业0.0795%的提升。高技术行业的分工地位提升需要更多的技术投入，这一点由行业的特征决定。低技术行业的分工地位对于研发投入的敏感度较高，而高技术行业则需要更多的技术投入增加才能带来相应的地位提升。全球价值链参与度对于高技术行业和低技术行业的分工地位影响都是正向的，且对于高技术行业的影响更显著。提升高技术行业在全球价值链中的分工地位可以通过更大程度的开放，更密切地参与到全球价值链分工中来实现。

（三）稳健性检验

本书运用调整解释变量和改变样本数据区间的两种方法来进行稳健性检验。检验的结果见表6－7。

根据第五章中提到对于一国产业在全球价值链分工状况的研究，除了使用Koopman提出的价值链参与度和价值链分工地位指数以外，还可以采用调整后的RCA指数和调整后的CA指数等指标进行衡量。与价值链参与度和地位指标重点衡量一国在价值链上的分工角色不同，RCA和CA指数重点衡量一国创造的增加值量与世界总值相比的竞争力情况。综合使用多种对于全球价值链分工状况的指标有利于更加全面地了解一国的国际分工地位。在稳健性检验的第一阶段，首先采用CA指数进行替换解释变量$LnGPAR_{it}$的方式再次进行实证检验，结果列在表6－7中的第1列。表中的2、3列为1995—2002年和2003—2011年的分阶段研究。稳健性检验结果显示，生产效率、技术投入和价值链参与度对于价值链分工地位正向影响的显著性没有发生变化，其他的控制变量的显著性也基本没有变化。可以说明表6－5和6－6中的检验结果是稳健的，主要解释变量与价值链分工地位之间呈现正相关关系。

表 6－7　稳健性检验

变量	(1)	(2)	(3)
$LnGPOS_{i,t-1}$	0.5109*** (20.93)	0.2720*** (3.27)	0.1619** (2.16)
$LnPROD_{it}$	−0.1231*** (−5.58)	−0.0972*** (−6.87)	−0.4250*** (−5.07)
$LnRD_{it}$	−0.0615*** (−8.92)	−0.0186*** (−3.95)	−0.0461*** (−4.02)
$LnGPAR_{it}$	−0.1265*** (−4.73)	−0.5659*** (−3.85)	−0.8246*** (−4.53)
$LnSCAl_{it}$	0.1133*** (8.45)	0.1328*** (12.22)	0.3509*** (8.24)
$LnKL_{it}$	−0.0019 (0.27)	−0.0398*** (−3.86)	−0.0634** (2.11)
$LnEXSH_{it}$	−0.1731*** (−10.58)	−0.0109 (−0.65)	−0.5009*** (−15.74)
常数项	0.4594*** (3.05)	3.3092*** (5.92)	4.0021*** (5.36)
样本数	272	119	119
Wald 检验	9893.24 (0.0000)	718.19 (0.0000)	2297.65 (0.0000)
一阶自相关检验	−3.5602 (0.0004)	−1.4148 (0.1571)	−2.2392 (0.0251)
二阶自相关检验	1.1984 (0.2308)	−0.6518 (0.2402)	−0.8733 (0.3015)
Sargan 检验	16.7351	15.3448	14.7338

注：***、**、*分别表示1%、5%、10%的显著水平；括号内为 z 值。

三、本章小结

本章首先运用 TiVA 数据库中的 NACE 产业分类与中国统计年鉴中的 GB 分类进行匹配，通过统一口径，得到17个中国制造业的细分产业数据。

将第五章测算的中国制造业细分产业的全球价值链分工地位指数作为被解释变量，将生产率、研发投入、价值链参与度等要素作为解释变量进行了实证检验。在控制变量的选取中，主要涉及规模经济、出口量占比、资本劳动要素比等。研究结论显示生产率、研发投入和价值链参与度对于中国制造业细分产业在全球价值链中分工地位的正向影响显著。三个解释变量进行对比后发现，全球价值链参与度的提高对于提升产业的国际分工地位的正向影响较大。为提高中国制造业在全球价值链中的分工状况应该鼓励中国制造业积极参与到全球价值链分工中去。对于制造业中的高技术产业和低技术产业进行比对实证检验后发现，生产效率提升对于高技术行业分工地位的促进作用明显，要提高中国制造业在国际分工中的地位需要着力在提高产业生产效率方面。研发投入的增加对于提升低和中低产业分工地位正向作用明显，增加产业内部研发投入，提高产业技术水平有利于改善中国制造业的国际分工状况。通过实证研究还发现，分工地位的影响具有时间延续性，中国制造业国际分工地位除了受到主要解释变量的影响以外，还会受到上一期分工地位的影响。本期和上期的分工地位存在共向性，也就是说上期处于价值链低端的行业在本期也会倾向于处于低端，反之亦然。这一研究结论一方面说明了价值链地位提升是一个长期工程，不能一蹴而就。另一方面，第五章中的分析表明中国制造业的国际分工地位依旧处于价值链低端，也证明了研究者提出了价值链“低端锁定”情况在中国制造业中的存在。

在研究方法上本章首先采用静态面板研究，之后对数据进行动态面板采用 GMM 方法考察了各解释变量对于中国制造业国际分工地位的影响。静态面板和动态面板的研究结论基本一致，发现产业生产效率和技术投入状况对于国际分工地位有正向的相关关系。

随后本章运用替换解释变量和改变样本时间区间的方式对实证研究进行了稳健性检验，稳健性检验结果表明几个变量系数之间没有发生很大的变化，说明本书的实证回归结论是较为稳健的。

第七章　结论与政策建议

在传统的国际贸易和国际分工背景下，国家通过专业化生产不同类型的产品参与国际竞争。商品的生产可以在一国国境内全部完成，而贸易表现为产品的跨国境流动。但是，随着生产环节的碎片化和生产过程在地理上的分散化，产品内分工以及垂直专业化分工盛行。商品从原材料采购到最终成品的生产需要多次跨越不同国家的国境，所以现代意义上的贸易表现为要素和生产任务的跨国境流动。各国的企业通过承担不同的生产工序，最终构成全球化的生产链和价值链。对于一国国际分工地位的衡量也从观察对比贸易产业、出口产品种类，转变为测度一国在全球价值链中的实际贡献，也就是贸易中的本国增加值。本书即从增加值贸易的视角，分析了垂直专业化分工下的国家之间及产业上下游之间的关联。并从产品价值增值和贸易增加值流动的层面对全球价值链中的中国制造业国际分工地位进行了再次衡量。最后通过构建影响各国制造业在全球价值链中国际分工地位的实证模型，得出了较为有效的研究结论。

本章首先对全文的研究做简单总结，并基于研究结论提出提升中国制造业国际分工地位的政策建议，最后针对该领域未来的研究走向和研究可能性进行展望。

一、研究结论

本书对国际分工的研究从传统的“产品”视角转变为“价值”视角，通过考察中国制造业在贸易中创造的价值及价值的使用方向等领域，考察中国制造业参与国际分工的模式和在全球价值链中的表现。并从增加值贸易的视角，重新考察了中国制造业的国际分工地位，最后对影响一国制造业在全球价值链中分工地位的因素建立模型进行了实证分析。

通过理论部分的分析可以看出，不论是传统的产业间分工还是当前的产品内分工，决定一国国际分工状况和地位的都是该国的比较优势和要素禀赋，只不过表现形式略有差别。产业间、产业内分工的情况下，一国的比较优势和要素禀赋优势决定该国专业化生产的产业和产品。具体到当前产品内分工，国家之间比较优势和要素禀赋的差异则表现在一国所负责的不同生产环节和生产工序上。技术和资本要素丰裕的国家，在研发和其他生产的上游环节具有优势，所以会将生产力集中在产品生产链的上游环节。劳动力资源丰裕的国家，则会将生产力集中在产品价值链的下游环节，例如，加工组装等。按照这一理论分析，中国凭借劳动力资源的优势参与到国际分工中，一般会选择劳动力密集型的生产环节参与垂直专业化，即下游的生产环节。按照“微笑曲线”理论，下游环节的产品附加值较低，企业收益也较低。

本书的第四、五章集中对中国制造业的国际分工状况进行了分析，其中第四章从传统的研究视角入手，分析了中国制造业当前的发展状况，并总结了改革开放以来中国制造业在世界贸易中的表现，最后总结得出中国对外贸易中制造业发展所面临的实际问题、挑战和当前的发展机遇。第五章利用了 TiVA 数据库中的增加值贸易统计数据和指标，从全新研究视角对中国制造业在全球贸易中创造的增加值进行了时间层面、行业层面、价值层面的多方位多角度的分析，并进行了国际比对。主要的研究结论可以总结为以下几点：

第一，从增加值贸易的总量来看，按照 2011 年的增加值贸易数据，中国制造业增加值的出口量在世界排名中依旧处于第一位，这一点与贸易总值统计下的情况基本类似。但是在数值上对比总值贸易量和增加值贸易量后发现，贸易总量统计方法在很大程度上高估了中国制造业的出口，同时也高估了中国制造业出口量与其他主要竞争对手之间的差距。

第二，从贸易中的本国增加值率看，中国制造业出口中的本国增加值率维持在 60% 左右。换言之，传统的贸易统计方法对中国制造业的对外贸易统计存在40%左右的统计误差。贸易中的本国增加值率可以在一定程度上反映该国参与国际分工的模式和在全球价值链中扮演的角色，同时有助于分析一国在某产业价值链中的控制能力。通过对比主要竞争国制造业出口中的本国增加值率，发现日本、美国处于高位，本国增加值率达到80%以上。这意味着日、美在整个制造业全行业中，国内的生产结构较为完善，且在全球价值链中的控制能力较强。相比较而言，中国则处于较低的位置，与发达国家差距很大。

通过对比制造业中各个细分行业在对外贸易中的本国增加值率后发现，中国的电子与光学设备制造业本国增加值率较低，虽然在1995年到2011年间出现了较大幅度的上升，但是2011年的水平依旧没有达到45%。也就是说中国在电子与光学设备制造业中出口的大量产品并没有给国内产业带来与之相符的贸易收益和劳动者收入。中国在该行业的竞争力较低，处于全球价值链竞争中的劣势地位。

第三，分析中国制造业贸易中本国增加值的最终使用，发现中国制造业出口中的本国增加值作为最终产品被进口国直接消费的比重和作为中间品被继续用来生产的比重相差不大。对比主要竞争国发现，其他国家出口中的本国增加值被更多地作为中间产品投入到下游的生产环节，且用于中间品的部分远高于直接消费的部分。这一状况体现出中国的制造业在全球价值链分工中位于下游环节，出口的产品大都为最终产品而不是零部件或半成品。将制造业分为资源和原材料型制造业、劳动密集型制造业和技术密集型制造业后对比分析，发现中国在资本和技术密集型制造业领域的发展和贸易水平远低于世界其他国家。

第四，文中借鉴了Koopman提出的全球价值链参与度指数（GVC_ position），对中国制造业的全球价值链参与程度进行了分析。从1995年到2011年间，中国的全球价值链参与度位于40%到45%之间，整体变化不大。中国的参与度与其他国家相比，处于比较高的水平，反映出自加入WTO后中国积极开展对外贸易，主动参与国际分工的基本状况。在对全球价值链参与度进行分解后发现，中国制造业的后向参与度远高于前向参与度。虽然在调查期前向参与度出现小幅度上升，后向参与度则在下降，但是二者的差距依旧较大。这一状况反映出中国制造业在全球价值链中主要作为下游企业参与分工，在产业链上游的表现不突出。

第五，从全球价值链分工地位指数来看，中国制造业在全球价值链中的分工地位在文中选取的十个国家中处于最低的位置。虽有小幅度上升，但是与其他国家相比差距依旧很大。文中对电子与光学设备制造业进行行业分析后发现，美、日、韩、中四国在该行业的价值链分工中，日本和美国位于价值链的上游，韩国居于日、美之后。而中国则处于价值链下游，分工地位较低，主要从事加工组装的环节。

第六，从贸易结构来看，增加值贸易视角下中国制造业的贸易结构得到了较好的改善。2011 年中国制造业的出口中，低技术水平制造业占比从 1995 年的 45% 下降到 21%，而高技术和中高技术水平制造业占比则从 16% 上升到 41%。这反映出中国制造业在全球价值链分工中实现了从主要依靠低端价值链转变为主要依靠中高端价值链，实现了在垂直方向上的价值链地位提升。另一方面，对每个细分行业的全球价值链地位指数进行分析后发现，中国制造业在每个细分行业上都实现了分工地位的提升，虽然提升速度缓慢，但是变化趋势明显。这反映出中国制造业在全球价值链分工中实现了小幅度水平方向上的地位提升，虽然与发达国家相比差距依旧较大。

第七，通过构建中国制造业价值链分工地位的影响因素模型，进行实证检验后发现生产效率、研发投入和价值链参与度对于中国制造业的分工地位呈正向效应。同时，分工地位还会受到上一期分工地位的滞后影响。不同的技术类别的制造业中，以上几种影响因素的作用方向基本一致，但是存在影响效果上的不同。例如，高技术行业的分工地位对于行业的生产效率变化比较敏感，低技术行业的分工地位则对于研发投入更为敏感。这些研究结论有利于引导中国制造业的发展，并有助于提出中国制造业国际分工地位提升的相关政策。

综上所述，增加值贸易为研究当前的国际分工状况和重新衡量各国的国际分工地位提供了新的研究视角。从增加值贸易出发，研究发现中国制造业在1995年至2011年之间实现了增加值贸易出口的增加和贸易产品结构的升级和优化，中国制造业的全球价值链参与度达到了较高的水平，国际分工地位也得到了小幅度的提升。但是继续深入研究后发现，中国制造业的国际分工地位与其他竞争国相比差距依旧很大，具有突出代表性的是电子与光学设备制造业大类。在这一产业大类中，中国的国际分工地位较低，处于价值链分工的下游水平，在全球价值链中创造的增加值和贸易收益较低。我们应该肯定中国制造业对外贸易在过去15年间的进步，同时正确地认识到中国制造业国际分工地位依旧较低的事实，进一步推出有助于提升中国制造业国际竞争力和国际分工地位的有效措施。

二、政策建议

基于上述研究结论，针对中国制造业如何确定自身在全球价值链中的合理定位，以及如何进一步改善中国制造业的国际分工状况，提出以下政策建议：

（一）政府层面

第一，客观看待贸易统计数据，充分调研国内制造业的发展水平和贸易状况，做到知己。

在当前国际分工形势转变的大背景下，如何透过表面统计数据看到贸易的本来面目，如何理性地看待统计数据是政府部门需要深入思考的。一方面要考虑总量上的贸易数据是否完全可靠；另一方面还要思考只是追求贸易总量上的发展是否有意义又是否可持续。正如文中统计数据显示，中国制造业出口的统计数据中存在三分之一左右的重复统计，这也就意味着只看传统统计数据的研究和政策引导都可能会存在误差。若可以将增加值贸易的统计引入到国内的贸易统计体系中，或许可以在一定程度上减少数据方面的统计缺失。另外，全球价值链下一国的产业发展可以表现在两个方面：一是价值链整体提升，也就是原有产品从质量上提高带动整个价值链每个环节价值提升，或一国放弃某个低附加值产品价值链的生产转而从事另一高附加值产品；二是价值链上环节的改变，一国从原有低附加值的生产环节转变到高的生产环节。也就是说为促进中国制造业健康有序发展，政府部门应该将视线从关注总量数据逐渐转变到关注产业可持续发展和产业结构的提升。

第二，分析中国与别国相比制造业发展的比较优势和劣势，在知彼的基础上合理定位、正确引导。

本书在理论部分说明，在全球价值链分工背景下比较优势理论依旧适用。也就是说在垂直专业化分工的背景下，一国的比较优势及要素禀赋为本国选择价值链上的不同生产环节提供了基础。反之，一国经济的比较劣势也成为阻碍本国生产力进步和结构调整的主要因素。从政府层面来看，应积极调研自身制造业发展状况及与其他国家相比的比较优势和劣势，客观地确定本国制造业所处的发展阶段和合理的定位。中国制造业在改革开放以来几十年间的发展主要依靠的就是中国的劳动力资源优势和低廉的生产成本。然而，随着中国综合国力的提升和人民收入水平的提高，传统的比较优势不再明显，越来越多中国传统的优势生产环节转移到其他成本更低的国家进行生产。在这种大背景下，政府部门如何及时转变观念，客观分析经济形势并提供合理有效的政策引导成为一国应对全球价值链下国际分工形势转变的重要影响因素。政府部门应在保持市场经济自主性的基础上，努力为行业内的企业提供信息服务、咨询服务、政策支持等，为企业的有序发展创造所需的大环境。

第三，鼓励自主创新，重视科技进步和研究开发，搭建科研机构和企业之间的合作平台，促进技术的有效转化。

前文的分析中指出，中国在全球价值链中参与竞争主要依靠的是充裕的劳动力资源和较低的劳动力价格，并长期依靠产品的价格优势参与竞争。中国制造业的出口贸易结构虽然得到提升，但是在中高技术水平和高技术水平的制造业领域中靠的依然是劳动力资源禀赋，主要从事的也是加工组装等生产链下游环节。出现这种分工模式的主要原因是中国当前的生产要素供给情况，符合传统的国际分工理论内容。另外，由于中国制造业行业的技术水平和创新能力不足，加上缺乏有竞争力的国际品牌，所以在国际分工中地位较低无可厚非。然而，中国制造业当前的国际分工地位意味着中国在其参与的国际贸易和分工中所获得的增加值和经济利益较低，在当前中国“人口红利”逐渐丧失的背景下，中国制造业若想抓住新一轮产业革命的时机，提升自身在全球价值链中的地位必须要在发展技术和提高创新能力上着眼。在书中实证检验部分也反映出，技术和创新水平对提升一国制造业国际分工地位的正向促进作用。所以，在政府政策的制定层面应该注重引导制造业向高增加值、高技术水平发展，注重引导和扶持拥有核心技术和具有自主品牌的企业发展。在企业层面，应该转变发展路线，重视研发投入和对高水平技术人才的使用，同时积极开展与高校和科研机构的合作，努力创建有国际竞争力的品牌，实现中国制造业在创新领域的新跨越。

第四，加大教育投入，提高劳动者整体素质。

低技术制造业的发展和规模的扩大依靠的是劳动力数量的投入，而高技术和中高技术制造业的发展则更多地依靠高素质的劳动者。企业内部技术的创新和进步依靠的也是人才。分析中国的劳动力，可以看到中国作为劳动力大国，劳动力数量众多且价格较低，这为中国制造业发展初期嵌入全球价值链，获得全球生产中的一席之地提供了前提基础。但是，中国的劳动力构成中，低素质的非熟练劳动力占比较高，劳动力受教育程度和熟练程度远低于其他发达国家。这种劳动力供给状况极大地限制了中国制造业国际分工地位的提升。之前的实证模型中也显示，人力资本对提升一国制造业在全球价值链中的地位有显著的正向效应。所以，当前若要提高中国制造业在全球价值链中地位可以从以下两个方面着手。一方面，增加用于教育的公共支出，提高教育支出在 GDP 中的占比。增加教育投入，提高劳动者平均受教育程度，可以从整体上增强中国劳动力的素质和竞争力。另一方面，在增加教育支出的同时，要重视教育支出的分配和对劳动力的引导。因为中国当前的劳动力市场存在比较严重的供求结构性失衡。在劳动力供给中，学术型人才的供给存在供大于求，而与制造业发展相适应的技术型和工程型人才则较为缺乏。这导致教育投入的增加与制造业行业的进步之间的传导路径被切断，对制造业的发展造成严重的制约。在这种情况下，政府层面应该从政策上对劳动者进行引导，并且对教育投入进行合理分配，加强对实践型和应用型人才培养机构的投入，重视职业教育和劳动者二次培训。

第五，坚持改革开放，鼓励企业走出去积极主动地参与国际竞争。

全球价值链参与度由前向参与度和后向参与度两部分组成，使用进口中间品进行生产和出口中间品用于别国生产都会提升全球价值链参与度。改革开放政策实行的几十年间，中国制造业积极走出去，全球价值链参与度得到了较为迅速的提升，事实证明开放的政策对于行业生产率和竞争力的提升有重要的推动作用。上文中的实证检验也证明，全球价值链参与度的增加对于中国制造业的国际分工地位提升也存在正向的推动作用。所以应该继续坚持和实行改革开放的政策，为企业走出去创造良好的环境。

（二）企业层面

第一，增加研发投入，提高企业的生产率和综合实力。

要参与国际竞争、提高企业在国际市场中的地位最根本的还是要靠企业自身的实力和生产率水平。上文中的实证检验也表明，一个行业的生产率水平和科技水平会对该行业在国际分工中的地位起到正向的影响作用。

企业尤其是中高和高技术制造业中的企业，需要从自身出发增加企业内部技术和研发投入，努力提高自身生产率水平、增强国际竞争力，争取朝价值链上游的研发环节转移，增加企业在价值链中创造的增加值。

第二，增强品牌意识，树立中国品牌形象。

本书研究得出，在整个价值链的分工环节，最初的设计研发环节和最后的市场销售环节一般是附加价值最高的，也就是说从事以上两个环节生产的企业会是获利最高的。企业要想负责高附加值的生产环节，一方面需要提高自身技术水平和实力，另一方面则需要努力成为价值链的“链主”。所谓“链主”就是指对整个价值链影响最大，负责区位安排所有生产环节，又肩负着提升整个价值链收益的核心跨国公司。能够成为价值链“链主”的公司大都拥有较强的品牌影响力。这也就启发了中国制造业企业，要想提升分工地位需要努力建设自身品牌，增强品牌综合实力。

第三，重视员工的培训和教育，增加人力资本投入。

书中实证检验部分发现，资本劳动比对于国际分工地位的影响是正向的。说明资本劳动要素之间的比值越大，该行业在全球价值链分工中的地位也就越高。对于企业来说，一方面通过技术水平和机械化水平提升，将原来依赖劳动力进行的生产环节调整为依靠机器设备进行，可以提高资本劳动比；另一方面通过增加人力资本的投入，进行更多更高层次的从业人员继续教育和岗位培训，提高劳动者素质和生产效率也会相应提高资本劳动比。

第四，客观分析自身优势，顺应经济发展潮流，合理进行企业定位。

即使是处在同一个行业中，每个企业也存在自身独特的优势和劣势。根据每个企业区位、规模和综合实力的不同，企业负责的价值链生产环节也会不同。拥有品牌优势的华为公司会把附加值较低的组装环节外包给东南亚或者非洲各国，但是身处中国大陆的富士康公司则只能负责智能手机的加工和组装。每一个参与国际分工的中国制造业公司都应客观分析企业自身存在的比较优势和比较劣势。一方面顺应市场的选择，另一方面也应提高自身的主观能动性，了解自身也了解国际市场，合理地选择企业的定位。

三、结束语

尽管本书在研究方法和文章写作上努力争取科学性和创新性，得出了一些有意义的结论，但是由于增加值贸易研究尚处于起步阶段，加之本人在知识和能力上的不足，论文依旧存在许多可改进之处。为了进一步深化对国际分工和增加值贸易的认识，未来可以研究的方向有：

（1）增加值贸易视角下的服务业。本书将研究的产业边界定为制造业，这是由于制造业作为传统行业对中国经济的发展有很大的贡献，符合当前中国产业发展的定位。然而随着中国参与全球化的进程进一步推进，及中国整体产业结构的调整和升级，中国在服务业的对外开放上表现得也越来越突出。从增加值贸易视角对服务业进行分析并考察中国的分工地位状况是一个值得研究的领域。

（2）通过考察增加值贸易下的双边和多边贸易状况，研究区域和全球生产网络的构建。增加值贸易的视角不只改变了对一国贸易量的统计，还彻底改变了国家与国家之间贸易均衡的测量。从增加值贸易进口和出口的状况，考察两个或多个国家之间的实际贸易流量。贸易顺差和贸易逆差的情况也会随之变化，甚至可能出现方向上的逆转。进一步，还可以通过三个及三个以上国家之间增加值流向上的变化，分析各国之间的合作模式和生产网络的构建。

（3）企业、产品层面数据的增加值化调整。当前存在的增加值贸易数据依旧存在于产业层面，虽然 OECD 和 WTO 已经在 2016 版最新的 TiVA 数据库中将产业进行了进一步的细分。但是，随着新新贸易理论的发展，国际贸易的研究逐渐从国别、产业细化到企业和产品。所以，增加值贸易的研究可否深入到企业，可否通过企业特征构建相关研究指数，实现从企业层面分析其在全球价值链中的分工状况和地位，或者在数据库构建中实现产品层面的增加值贸易统计，从而将增加值贸易研究推向微观领域，将会是一个值得探索的研究方向。

参考文献

[1] Aderson, James, Eric vanWincoop. Gravity with Gravitas: a Solution to the Border Puzzle [J]. American Economic Review. 2003, 93: 170 – 192.

[2] Aderson, James E., Eric van Wincoop. Trade Costs [J]. Journal of Economic Literature, 2004, 42 (3) 691 – 751.

[3] Aderson, James E., Yoto V. Yotov. Terms of Trade and Global Efficiency Effects of Free Trade Agreements [J]. Journal of International Economics, 2016 (99): 279 – 298.

[4] Arndt S, Kierzkowski H. Fragmentation: New Production Patterns in the World Economy [M]. Oxford University Press, 2001.

[5] Albino V, Izzo C, Kuhtz S. Input – output Models for the Analysis of a Local/Global Supply Chain [J]. International Journal of Production Economics, 2002, 78 (2): 119 – 131.

[6] Amiti M, Freund C. The Anatomy of China's Export Growth [J]. 2010: 35 – 56.

[7] Amiti M, Wei S. Service Offshoring, Productivity, and Employment: Evidence from the United States (EPub) [M]. Internaltional Monetary Fund, 2005.

[8] Amiti, M. New Trade Theories and Industrial Location in the EU: A Survey of Evidence [J]. Oxford Review of Economic Policy, 1998, 14 (2): 45 – 53.

[9] Arndt S W. Supper – specialization and the Gains from Trade [J]. Con-

temporary Economic Policy, 1998, 16 (4): 480 -485.

[10] Athukorala P. Product Fragmentation and Trade Patterns in East Asia [J]. Asian Economic Papers, 2005, 4 (3): 1 -27.

[11] Athukorala P, Yamashita N. Patterns and Determinants of Production Fragmentation in World Manufacturing Trade [J]. Globalisation, Regionalism and Economic Interdependence, 2008: 45 -72.

[12] Balassa B. Trade Liberalization and "Revealed" Comparative Advantage [J]. The Manchester School, 1965, 33 (2): 99 -123.

[13] Baldone S, Sdogati F, Tajoli L. Patterns and Determinants of International Fragmentation of Production: Evidence from Outward Processing Trade between the EU and Central Eastern European Countries [J]. Weltwirtschaftliches Archiv, 2001, 137 (1): 80 -104.

[14] Baldwin R, Robert - Nicoud F. Trade - in - goods and Trade - in - tasks: an Intergrating Framework [J]. Journal of International Economics, 2014 (92): 51 -62.

[15] Baldwin R. Harrigan, J. Zeros, Quality, and Space: Trade Theory and Trade Evidence [J]. American Economic Journal: Microeconomics, 2011, 3 (2): 60 -88.

[16] Baldwin, Richard. Multilateralising Regionalism: Speghetti bowls as Building Blocs on the Path to Global Free Trade [J]. World Economy, 2006: 29.

[17] Barnett S, Blancher N, Brooks R, et al. China's Growth and Integration into the World Economy [J]. International Monetary Fund, 2004: 232.

[18] Bems, Rudolfs, Robert C. Johnson. Demand for Value Added and Value Added Exchange Rates [J]. NBER Working Paper, 2015, No. 21070.

[19] Bems, Rudolfs, Robert C. Johnson, Kei - Mu Yi. Demand Spillovers and the Collapse of Trade in the Global Recession [J]. IMF Economic Re-

view, 2010, 58 (2): 295 – 326.

[20] Bond E W. Commercial Policy in a "Fragmented" World [J]. The American Economic Review, 2001, 91 (2): 358 – 362.

[21] Bridgman B. The Rise of Vertical Specialization Trade [J]. Journal of International Economics, 2012, 86 (1): 133 – 140.

[22] Caliendo, Lorenzo, Fernando Parro. Estimates of the Trade and Welfare Effects of NAFTA [J]. The Review of Economic Studies, 2015, 82 (1): 1 – 44.

[23] Chenery H B, Watanabe T. International Comparisons of the Structure of Production [J]. Econometrica, 1958, 26 (4): 487 – 521.

[24] Coe D T, Helpman E. International R&D Spillovers [J]. European Economic Review, 1995, 39 (5): 859 – 887.

[25] Costinot, Arnaud, Jonathan Vogel, Su Wang. An Elementary Theory of Global Supply Chains [J]. The Review of Economic Studies, 2013, 80 (1): 109 – 144.

[26] Daudin G, Rifflart C, Schweisguth D. Who Produces for Whom in the World Economy? [J]. Canadian Journal of Economics, 2011, 44 (4): 1403 – 1437.

[27] Deardorff A V. Fragmentation in Simple Trade Models [J]. The North American Journal of Economics and Finance, 2001, 12 (2): 121 – 137.

[28] Deardorff A V. Gains from Trade and Fragmentation [J]. Foreign Direct Investmen and the Multinational Enterprise, 2008: 155.

[29] Dedrick J, K. L. Kraemer, G. Linden. Who Profits from Innovation in Global Value Chains? A Study of the iPod and Notebook PCs [M]. Industrial and Corporate Change, 2010, 19: 81 – 116.

[30] Dixit A K, Grossman G M. Trade and Protection with Multistage Production [J]. The Review of Economic Studies, 1982, 49 (4): 583 – 594.

[31] Dean et al. How Vertically Specialized in Chinese Trade [J]. Review of International Economics, 2011 (19): 609 -625.

[32] Dornbusch R, Fischer S, Samuelson P A. Comparative Advantage, Trade and Payments in a Ricardian Model with a Continuum of Goods [J]. The American Economic Review, 1977: 823 -839.

[33] Eckel C. International Trade, Flexible Manufacturing and Outsourcing [J]. Canadian Journal of Economics, 2009, 42 (4): 1449 -1472.

[34] Feenstra Robert C. Integration of Trade and Disintegration of Production in the Global Economy [J]. The Journal of Economic Perspective, 1998, 12 (4): 31 -50.

[35] Feenstra Robert C. The Impact of Outsourcing and High - Technology Capital on Wages: Estimates for the United States [J]. The Quarterly Journal of Economics. 1999, 114 (3): 907 -940.

[36] Feenstra Robert C, Gordon H H. Aggregation Bias in the Factor Content of Trade: Evidence from U. S. Manufacturing [J]. The American Economic Review, 2000, 90 (2): 155 -160.

[37] Feenstra Robert C, Gordon H H. Globalization, Outsourcing and Wage Inequality [J]. The American Economic Review, 1996, 86 (2): 240 -245.

[38] Feenstra Robert C, Gordon H H. Ownership and Control in Outsorcing to China: Estimating the Property - Rights Theory of the Firm [J]. The Quarterly Journal of Economics, 2005, 120 (2): 729 -761.

[39] Feenstra Robert C, Hanson G H. Foreign Investment, Investment, Outsourcing and Relative Wages [J]. NBER Working Paper No. 5121, 1995.

[40] Grossman G M, Helpman E. Comparative Advantage and Long - Run Growth [J]. NBER Working Paper No. 2809, 1991.

[41] Grossman G M, Helpman E. Outsourcing in a Global Economy [J]. The Review of Economic Studies, 2005, 72 (1): 135 - 159.

[42] Grossman G M, Rossi - Hansberg E. Trading Tasks: A Simple Theory of Offshoring [J]. The American Economic Review, 2008, 95 (5): 1978 - 1997.

[43] Hanson, Gordon H., Raymond J. Mataloni, Matthew J. Slaughter. Vertical Production Networks in Multinational Firms [J]. 2005, 87 (4): 664 - 678.

[44] Hummels D, Klenow P J. The variety and Quality of a Nation's Trade [J]. NBER Working Paper No. 8712, 2012.

[45] Hummels D, Ishii J, Yi K - M. The Nature and Growth of Vertical Specialization in World Trade [J]. Journal of International Economics, 2001, 54 (1): 75 - 96.

[46] Hummels D, Rapoport D, Yi K. Vertical Specialization and the Changing Nature of World Trade [J]. Economic Policy Review, 1998, 4 (2).

[47] Ishii, Jun, Kei - Mu Yi. The Growth of World Trade [J]. Federal Reserve Bank of New York Research Paper no. 9718, 1997 (5).

[48] Johnson, Robert C. Five Facts about Value - Added Exports and Implications for Macroeconomics and Trade Research [J]. Journal of Economic Perspectives. 2014, 28 (2): 119 - 142.

[49] Johnson, Robert C., Guillermo Noguera. Accounting for Intermediates: Production Sharing and Trade in Value Added [J]. Journal of International Economic. 2012, 82 (2): 224 - 236.

[50] Johnson, Robert C., Guillermo Noguera. Fragmentation and Trade in Value Added over Four Decades [J]. NBER Working Paper. 2012, No: 18186.

[51] Johnson Robert C., Guillermo Noguera. A Portrait of Trade in Value Add-

ed over Four Decades [J]. Review of Economics and Statistics, 2017, 12 (5-99): 896-911.

[52] Koopman R, Wang Z, Wei S. Give Credit Where Credit is Due: Tracing Value Added in Global Production Chains [J]. NBER Working Paper, 2010, No. 16426.

[53] Koopman R, Wang Z, Wei S J. How much of Chinese Exports is Really Made in China? Assessing Domestic Value - Added When Processing Trade is Pervasive [J]. NBER Working Paper, 2008, No: 14109.

[54] Koopman R, Wang Z, Wei S. Tracing Value - Added and Double Counting in Gross Exports [J]. The American Economics Review, 2014, 104 (2): 459-494.

[55] Kraemer K, Linden G, Dedrick J. Capturing Value in Global Networks: Apple's Ipad and Iphone [J]. PCIC Working Paper, 2011.

[56] Krugman P R. Technology, Trade and Factor Prices [J]. Journal of International Economics, 2000, 50 (1): 51-71.

[57] Krugman, Paul R. Is Bilateralism Bad? [J]. International Trade and Trade Policy. 1992: 9-24.

[58] Krugman P, Cooper R N, Srinivasan T N. Growing World Trade: Causes and Consequences [J]. Brookings Papers on Economic Activity, 1995, 1995 (1): 327-377.

[59] Kee HL , Tang H. Domestic Value Added in Chinese Exports: Firm - Level Evidence [R]. Johns Hopkins University mimeo, 2013.

[60] Levchenko, Andrei, Jing Zhang. The Evolution of Comparative Advantage: Measurement and Welfare Implication [J]. Journal of Monetary Economics. 2016, 78: 96-111.

[61] Los, Bart, Marcel P. Timmer, Gaaitzen J. de Vries. How Global are Global Value Chain? A New Approach to Measure International Fragmen-

tation [J]. Journal of Regional Science, 2015, 55 (1): 66 -92.

[62] Lall S. The Technological Structure and Performance of Developing Country Manufactured Exports, 1985 -98 [J]. Oxford development studies, 2000, 28 (3): 337 -369.

[62] Leontief W. Structural Matrices of National Economies [J]. Econometrica, 1949, 17: 273 -282.

[64] Leonteef W. Strcture of the World Economy: Outline of a Simple Input - Output Formulation [J]. The American Economic Review, 1974, 64 (6): 823 -834.

[65] Linden G., K. L. Kraemer, J. Dedrick. Who Captures Value in the Apple iPad? [J], Mimeo OECD, 2011 (3).

[66] Linden G., K. L. Kraemer. Innovation and Job Creation in a Global Economy: The Case of Apple's iPod [J]. Journal of International Commerce and Economics, 2011, 3 (1): 223 -239.

[67] Los, Bart, Marcel P. Timmer, Gaaitzen J. de Vries. Tracing Value - Added and Double Counting in Gross Exports: Comment [J] American Economic Review. 2016.

[68] Maurer A., C. Degain. Globalization and Trade Flows: What You See is not What You Get [J]. WTO - Economic Research and Statistic Division Staff Working Paper, 2010 (12).

[69] Miller, R. E., Bair P. D.. Input - Output Analysis: Foundations and Extensions [M]. Cambridge Press, 2009.

[70] Melitz, M., Ottaviano, G. Market Size, Trade, and Productivity [J]. Review of Economic Studies, 2008, 75 (1): 295 -316.

[71] Melitz, M. The Impact of Trade on Intra - industry Reallocations and Aggregate Industry Productivity [J]. Econometrica, 2003, 71 (6): 1695 -1725.

[72] OECD – WTO. Trade in Value – Added: Concepts, Methodologies and Challenges. www. oecd. org, 2012.

[73] Porter M. Competitive Advantage: Creating and Sustaining Superior Performance [M]. New York: The Free Press, 1985.

[74] Rodrik D.. What's so Special about China's Exports? [J]. China & World Economy, 2006, 14 (5): 1 – 19.

[75] Stehrer R. Trade in Value added and the Value Added in Trade [C]. WIOD Working Paper , 2012: 1 – 19.

[76] Schott, P. Across – product versus within – product Specialization in International Trade [J]. Quarterly Journal of Economics, 2004, 119 (2): 647 – 678.

[77] Timmer M, Erumban A A, Los B, et al. New Measures of European Competitiveness: A Global Value Chain Perspective on Manufacturing [J]. 2012.

[78] Timmer, Marcel P. , Abdul Azeez Erumban, Bart Los, Robert Stehrer, Gaaitzen J. de Vries. Slicing up Global Value Chains [J]. Journal of Economic Perspectives. 2014, 28 (2): 99 – 118.

[79] Timmer M P, Los B, Stehrer R. , Vries G J. Fragmentation, Income and Jobs: An Analysis of European Compatitiveness [J]. Economic Policy, 2013, 28 (76): 613 – 661.

[80] UNCTAD. Global Value Chains and Development: Investment and Value Added in the Global Economy [M]. 2013.

[81] Wang Z, Wei S J. What Accounts for the Rising Sophistication of China's Exports? [J]. NBER Working Paper. 2008: 63 – 104.

[82] Wang Z, Wei S, Zhu K. Quantifying International Production Sharing at the Bilateral and Sector Levels [J]. NBER Working Paper, 2013, No 19677.

[83] WTO, IDE - JETRO. Trade Patterns and Global Value Chains in East Asia: from Trade in Goods to Trade in Tasks [R]. Gevena: WTO, 2011.

[84] Yi , Kei - Mu. Can Vertical Specialization Explain the Growth of World Trade? [J]. Journal of Political Economy, 2003, 111 (1): 52 - 102.

[85] Yi, Kei - Mu. Can Vertical Specialization Explain the Growth of World Trade? [J]. American Economic Review. 2010, 100 (1): 364 - 393.

[86] Yi, Kei - Mu. The Growth of World Trade: A Dynamic Model of Vertical Specialization. [J]. Federal Reserve Bank of New York, 1999.

[87] 北京大学中国经济研究中心课题组．中国出口贸易中的垂直专门化与中美贸易 [J]. 世界经济, 2006 (5): 5 - 14.

[88] 陈继勇，刘威．产品内分工视角下美中贸易失衡中的利益分配 [J]. 财经问题研究, 2008 (11): 111 - 116.

[89] 陈强．高级计量经济学及 Stata 应用 [M]. 高等教育出版社 . 2010.

[90] 陈雯，李强．全球价值链分工下我国出口规模的透视分析——基于增加值贸易核算方法 [J]. 财贸经济, 2014 (7): 107 - 115.

[91] 戴翔．中国制造业国际竞争力——基于贸易附加值的测算 [J]. 中国工业经济, 2015 (1): 78 - 88.

[92] 戴翔．中国服务贸易出口增长的数量、价格及种类分解 [J]. 国际贸易问题, 2013 (9): 101 - 110.

[93] 邓军．所见非所得：增加值贸易统计下的中国对外贸易特征 [J]. 世界经济研究, 2014 (1): 35 - 40.

[94] 邓军．增加值贸易视角下中国制造业出口竞争力评估 [J]. 中南财经政法大学学报, 2013 (5): 40 - 46.

[95] 关兵．附加值贸易统计方法视角下中国外贸发展状况 [J]. 世界贸易组织动态与研究, 2013 (3).

[96] 樊纲，关志雄，姚枝仲．国际贸易结构分析：贸易品的技术分布 [J]. 经济研究, 2006 (8): 70 - 80.

[97] 郭晶，赵越．高技术产业国际分工地位的影响因素：基于完全国内增加值率视角的跨国实证［J］．国际商务（对外经济贸易大学学报），2012（2）：87－9

[98] 胡昭玲．产品内国际分工对中国工业生产率的影响分析［J］．中国工业经济，2007（6）：30－37.

[99] 胡昭玲．国际垂直专业化对发展中国家的影响与启示［J］．经济经纬，2006（5）：35－38.

[100] 胡昭玲．国际垂直专业化对中国工业竞争力的影响分析［J］．财经研究，2007（4）：18－27.

[101] 胡昭玲，宋佳．基于出口价格的中国国际分工地位研究［J］．国际贸易问题，2013（3）：15－25.

[102] 华德亚，董有得．跨国公司产品内分工与我国的产业升级［J］．国际经贸探索，2007（8）：55－59.

[103] 黄先海，韦畅．中国制造业出口垂直专业化程度的测度与分析［J］．管理世界，2007（4）：158－159.

[104] 黄先海，杨高举．中国高技术产品的国际分工地位研究：基于非竞争型投入占用产出模型的跨国分析［J］．世界经济，2010（5）：82－100.

[105] 高敏雪，葛金梅．出口贸易增加值测算的微观基础［J］．统计研究，2013（10）：8－14.

[106] 李晓，张建平．东亚产业关联的研究方法与现状——一个国际/国家间投入产出模型的综述［J］．经济研究，2010（4）：147－160.

[107] 李晓，张建平．东亚产业关联与经济相互依赖性——基于 AIIOT2000 的实证分析［J］．世界经济研究，2010（4）：72－79.

[108] 李昕，徐滇庆．中国外贸依存度和失衡度的重新估算——全球价值链中的增加值［J］．中国社会科学，2013（1）.

[109] 赖伟娟，钟姿华．中国与欧、美、日制造业全球价值链分工地位的

比较研究［J］. 世界经济研究，2017（1）：125－134.

［110］刘丽萍. 全球价值链与增加值贸易的核算［J］. 国际经济评论，2013（4）.

［111］刘海云，毛海欧. 国家国际分工地位及其影响因素——基于“GVC地位指数”的实证分析［J］. 国际经贸探索，2015（8）：44－53.

［112］刘仕国，吴海英. 全球价值链和增加值贸易：经济影响、政策启示和统计挑战［J］. 国际经济评论，2013（4）：87－96.

［113］刘仕国，吴海英，马涛等. 利用全球价值链促进产业升级［J］，2015（1）：64－84.

［114］刘建江，杨细珍. 产品内分工视角下中美贸易失衡中的贸易利益研究［J］. 国际贸易问题，2011（8）：68－80.

［115］刘遵义，陈锡康，杨翠红等. 非竞争型投入占用产出模型及其应用——中美贸易顺差透视［J］. 中国社会科学，2007（5）：91－103.

［116］贾怀勤. 中国贸易统计如何应对全球化挑战？——将增加值引入贸易统计：改革还是改进？［J］. 统计研究，2012（5）：10－15.

［117］卢锋. 产品内分工［J］. 经济学（季刊），2004（4）：55－82.

［118］黎峰. 全球价值链下的国际分工地位：内涵及影响因素［J］. 国际贸易问题. 2015（9）：31－42.

［119］黎峰. 要素禀赋结构升级是否有利于贸易利益的提升？——基于中国行业面板数据［J］. 世界经济研究. 2014（8）：3－14.

［120］黎峰. 全球价值链下的出口产品结构与贸易收益［J］. 世界经济研究，2016（3）：86－96.

［121］林桂军，何武. 全球价值链下我国武器装备制造业的增长特征［J］. 国际贸易问题，2015（6）：3－24.

［122］隆国强. 全球化背景下的产业升级新战略——基于全球价值链的分析［J］. 国际贸易，2007（7）：27－34.

［123］廖泽芳，毛伟. 中国的全球价值链地位外部失衡：附加值贸易关系

网络的视角［J］．国际贸易问题，2015（12）：27－38.
［124］沈梓鑫，贾根良．增加值贸易与中国面临的国际分工陷阱［J］．政治经济学评论，2014，5（4）：165－179.
［125］盛斌，陈帅．全球价值链、出口国内附加值与比较优势：基于跨国样本的研究［J］．东南大学学报（哲学社会科学版），2016（11）：95－102.
［126］潘文卿，王丰国，李根强．全球价值链背景下增加值贸易核算理论综述［J］．统计研究，2015，32（3）：69－75.
［127］毛其淋，盛斌．贸易自由化与中国制造业企业出口行为："入世"是否促进了出口参与？［J］．经济学（季刊），2014（2）：647－672.
［128］马野青，张梦，巫强．什么决定了中国制造业在全球价值链中的地位？——基于增加值贸易的视角［J］．南京社会科学，2017（3）：28－35.
［129］马涛．全球价值链下的产业升级：基于汽车产业的国际比较［J］．国际经济评论，2015（1）：98－111.
［130］马涛，刘仕国．全球价值链下的增加值贸易核算及其影响［J］．国际经济评论，2013（4）.
［131］马风涛，王颖．基于世界投入产出表的中国制造业垂直专业化结构分解［J］．国际商务（对外经济贸易大学学报），2015（2）.
［132］孟猛．中国在国际分工中的地位：基于出口最终品全部技术含量与国内技术含量的跨国比较［J］．世界经济研究，2012（3）：17－21.
［133］邱斌，叶龙凤，孙少勤．参与全球生产网络对我国制造业价值链提升影响的实证研究——基于出口复杂度的分析［J］．中国工业经济，2012（1）：57－67.
［134］沈利生，王恒．增加值率下降意味着什么［J］．经济研究，2006（3）：59－66.
［135］宋玉华，朱思敏．垂直专业化的贸易利益分配机制研究［J］．世界

经济研究，2008（3）.
[136] 盛斌，马涛. 中国工业部门垂直专业化与国内技术含量的关系研究[J]. 世界经济研究，2008（8）：61－67.
[137] 施炳展. 中国出口产品的国际分工地位研究——基于产品内分工的视角[J]. 世界经济研究，2010（1）：56－62.
[138] 时磊，田艳芳. FDI与企业技术"低端锁定"[J]. 世界经济. 2011（4）.
[139] 唐海燕，张会清. 产品内国际分工与发展中国家的价值链提升[J]. 经济研究，2009（9）：81－93.
[140] 唐海燕，张会清. 中国在新型国际分工体系中的地位——基于价值链视角的分析[J]. 国际贸易问题，2009（2）：18－26.
[141] 汤碧. 基于产品内分工视角的我国贸易转型升级路径研究[J]. 国际贸易问题. 2012（9）.
[142] 文东伟. 中国制造业出口的技术复杂度及其跨国比较研究[J]. 世界经济研究，2011（6）：39－43.
[143] 文东伟，冼国明. 垂直专业化与中国制造业贸易竞争力[J]. 中国工业经济，2009（6）：77－87.
[144] 文东伟. 经济规模、技术创新与垂直专业化[J]. 数量经济技术经济研究，2011（8）.
[145] 文东伟，冼国明. 中国制造业的垂直专业化与出口增长[J]. 经济学（季刊），2010（2）：467－494.
[146] 王岚. 融入全球价值链对中国制造业国际分工地位的影响[J]. 统计研究，2014，31（5）：17－23.
[147] 王岚，李洪艳. 中国制造业融入全球价值链路径研究——嵌入位置和增值能力的视角[J]. 中国工业经济，2015（2）：76－88.
[148] 王岚. 全球价值链分工背景下的附加值贸易：框架、测度和应用[J]. 经济评论，2013（3）.

[149] 王玉燕，林汉川．全球价值链潜入能提升工业转型升级效果吗？——基于中国工业面板数据的实证检验［J］．国际贸易问题，2015（11）．

[150] 王直，魏尚进，朱坤福．总贸易核算法：官方贸易统计与全球价值链度量［J］．中国社会科学，2015（9）：108－127．

[151] 夏明，张红霞．增加值贸易测算：概念与方法辨析［J］．统计研究，2015（6）：28－35．

[152] 夏明，张红霞．跨国生产、贸易增加值与增加值率的变化——基于投入产出框架对增加值率的理论解析［J］．管理世界（月刊），2015，2：32－44．

[153] 徐毅，张二震．外包与生产率：基于工业行业数据的经验研究［J］．经济研究，2008（1）：103－113．

[154] 姚洋，张晔．中国出口品国内技术含量升级的动态研究——来自全国及江苏省、广东省的证据［J］．中国社会科学，2008（2）：67－82．

[155] 喻春娇，陈咏梅，张洁莹．中国融入东亚生产网络的贸易利益——基于20个工业部门净附加值的分析［J］．财贸经济，2010（2）：70－77．

[156] 尹伟华．中国制造业产品全球价值链的分解分析——基于世界投入产出表的视角［J］．世界经济研究，2016（1）：66－75．

[157] 尹彦罡，李晓华．中国制造业全球价值链研究［J］．财经问题研究．2015（11）．

[158] 许晓娟．全球化背景下货物贸易统计与服务贸易统计改进趋势［J］．对外经贸统计（双月刊），2011（6）．

[159] 于津平，邓娟．垂直专业化、出口技术含量与全球价值链分工地位［J］．世界经济与政治论坛，2014（3）：44－62．

[160] 赵登峰，牛芳，曹秋静．中国出口产业在全球价值链中的地位——来自增加值贸易的证据［J］．深圳大学学报，2014（6）：107－115．

[161] 张海燕. 基于附加值贸易测算法对中国出口地位的重新分析 [J]. 国际贸易问题, 2013 (10): 65-76.

[162] 张杰, 陈志远, 刘元春. 中国出口国内附加值的测算与变化机制 [J]. 经济研究, 2013 (10): 124-137.

[163] 周升起, 兰珍先, 付华. 中国制造业在全球价值链国际分工地位再考查——基于 Koopman 等的"GVC 地位指数" [J]. 国际贸易问题, 2014 (2).

[164] 张咏华. 中国制造业增加值出口与中美贸易失衡 [J]. 财经研究, 2013, 39 (2): 15-25.

[165] 张咏华. 中国制造业在国际垂直专业化体系中的地位——基于价值增值角度的分析 [D]. 南开大学, 2013 (11): 1-134.

[166] 张向晨, 徐清军. 国内外贸易增加值问题研究的进展 [J]. 国际经济评论, 2013 (4).

[167] 张晓攀, 刘春生. 中国汽车制造业出口二元边际测度与分析 [J]. 中国物价, 2016 (3): 61-63.

[168] 张晓攀, 黄卫平. 增加值贸易视角下中国国际分工地位的再考量 [J]. 现代管理科学, 2017 (3): 30-32.

[169] 赵玉焕, 常润岭. 全球价值链和增加值视角下国际贸易统计方法研究 [J]. 国际贸易, 2012 (12).

[170] 张明志, 李春盛. 中国产品内贸易发展的国际地位与地理方向特征——基于电子机械类产品的经验研究 [J]. 国际贸易问题, 2007 (7): 16-23.

[171] 张小蒂, 孙景蔚. 基于垂直专业化分工的中国产业国际竞争力分析 [J]. 世界经济, 2006 (5): 12-21.

[172] 曾峥, 张路路. 全球生产网络体系下中美贸易利益分配的界定——基于中国制造业贸易附加值的研究 [J]. 世界经济研究, 2008 (1): 36-43.

附　录

1. 文中国家代码与国家名称的对应：

AUS：澳大利亚　CAN：加拿大　FRA：法国

DEU：德国　JPN：日本　KOR：韩国

GBR：英国　USA：美国　CHN：中国

RUS：俄罗斯　ITA：意大利　IND：印度

2. 1995—2011 年样本国家全球价值链参与度指数：

年份	CAN	FRA	DEU	ITA	JPN	KOR	GBR	USA	CHN	RUS
1995	44.35	45.52	40.57	40.31	36.91	46.95	50.49	42.79	56.14	54.45
1996	45.68	46.33	41.21	39.18	39.07	39.07	51.33	44.00	55.62	60.60
1997	48.31	47.67	43.07	40.99	41.53	41.53	51.60	44.29	56.57	67.27
1998	47.71	48.35	43.44	42.30	42.94	42.94	51.74	45.80	57.90	70.04
1999	46.67	48.88	44.79	42.92	43.02	43.02	54.49	47.65	59.94	70.00
2000	49.08	53.71	48.57	47.34	46.77	46.77	60.28	50.97	61.63	79.54
2001	47.47	53.64	48.35	48.00	47.17	47.17	62.73	49.75	61.59	81.92
2002	46.42	53.28	47.25	47.27	47.71	47.71	61.00	49.72	62.13	81.20
2003	45.59	53.52	48.09	47.78	51.44	51.44	62.00	51.65	64.11	84.82
2004	47.80	55.22	49.98	50.39	53.89	53.89	64.39	53.71	63.84	86.36
2005	49.62	57.34	51.56	52.50	55.52	55.52	66.57	53.80	62.73	85.91
2006	51.08	59.18	54.39	55.27	58.93	58.93	69.57	55.00	61.70	89.23
2007	53.94	60.35	54.73	55.61	59.92	59.92	71.90	54.83	60.17	87.21
2008	61.40	60.09	55.03	55.31	59.11	59.11	72.62	55.69	57.63	84.78
2009	56.08	55.02	51.81	48.48	56.93	56.93	67.87	50.79	54.73	80.22
2010	60.15	58.32	54.58	53.30	57.15	57.15	70.12	53.85	56.36	82.32
2011	64.91	61.56	57.69	56.10	59.05	59.05	73.81	55.16	56.55	86.65

3. 1995—2011 年样本国家全球价值链地位指数：

年份	CAN	FRA	DEU	ITA	JPN	KOR	GBR	USA	CHN	IND	RUS
1995	-0.87	0.01	0.26	-0.10	1.34	-0.32	0.06	0.49	-1.27	0.40	0.74
1996	-0.91	-0.05	0.22	0.01	1.24	-0.32	0.05	0.54	-1.28	0.38	0.92
1997	-0.98	-0.08	0.18	0.01	1.23	-0.37	0.13	0.56	-1.22	0.44	1.03
1998	-0.99	-0.09	0.20	0.01	1.32	-0.35	0.25	0.63	-1.22	0.57	0.82
1999	-1.02	-0.11	0.14	0.03	1.36	-0.32	0.29	0.62	-1.32	0.57	0.84
2000	-0.93	-0.20	0.04	-0.07	1.33	-0.37	0.29	0.62	-1.27	0.56	0.90
2001	-0.91	-0.17	0.06	-0.01	1.26	-0.33	0.36	0.69	-1.28	0.40	0.92
2002	-0.96	-0.16	0.10	0.00	1.24	-0.22	0.35	0.72	-1.32	0.40	0.96
2003	-0.81	-0.08	0.12	0.01	1.30	-0.31	0.38	0.70	-1.32	0.34	0.94
2004	-0.80	-0.11	0.13	0.01	1.24	-0.34	0.37	0.67	-1.20	0.29	1.17
2005	-0.72	-0.14	0.04	-0.07	1.05	-0.29	0.41	0.61	-1.13	0.18	1.25
2006	-0.58	-0.20	-0.04	-0.17	0.91	-0.31	0.41	0.56	-1.02	0.05	1.25
2007	-0.44	-0.19	-0.08	-0.21	0.81	-0.34	0.40	0.54	-0.89	0.07	1.25
2008	-0.30	-0.17	-0.14	-0.26	0.69	-0.65	0.29	0.41	-0.76	-0.19	1.16
2009	-0.36	-0.11	-0.06	-0.13	1.06	-0.57	0.23	0.65	-0.88	-0.22	1.17
2010	-0.33	-0.17	-0.05	-0.26	0.94	-0.58	0.11	0.55	-0.87	-0.22	1.17
2011	-0.21	-0.16	-0.12	-0.27	0.78	-0.72	0.06	0.43	-0.86	-0.28	1.17

4. OECD 对制造业技术类别的划分及与 NACE 代码之间的对应：

NACE 代码	产业名称	技术类别
15	食品饮料制造	低
16	烟草制品制造	低
17	纺织品制造业	低
18	成衣皮草制造	低
19	皮革行李手袋制造	低
20	木材制造（除家具）	低
21	纸张纸浆制造	低
22	出版和印刷业	低
23	成品油和核燃料制造	中低
24	化学品和化工产品制造	中高

续表

NACE 代码	产业名称	技术类别
25	橡胶和塑料制品制造	中低
26	其他非金属矿产品制造	中低
27	金属制造	中低
28	金属制品制造（除机械设备）	中低
29	机械设备制造	中高
30	办公机器电脑制造	高
31	电气机械和器材制造	高
32	广播电视和通信设备制造	高
33	医疗、精密光学仪器，手表和钟表制造	高
34	汽车、拖车和半拖车制造	中高
35	其他交通设备制造	中高
36	其他未分类	低
37	回收	低

5. TiVA 数据库中制造业的行业分类与 ISIC 代码之间的对应：

TiVA 行业分类	产业详情	ISIC Rev. 3 代码
C15T16	食品饮料及烟草制品制造	15，16
C17T19	纺织品、皮革行李手袋制造	17，18，19
C20	木材制造（除家具）	20
C21T22	纸张纸浆制造及出版和印刷业	21，22
C23	成品油和核燃料制造	23
C24	化学品和化工产品制造	24
C25	橡胶和塑料制品制造	25
C26	其他非金属矿产品制造	26
C27	金属制造	27
C28	金属制品制造（除机械设备）	28
C29	机械设备制造	29
C30T33X	计算机、电子和光学设备	30，32，33
C31	电气机械和器材制造	31
C34	汽车、拖车和半拖车制造	34
C35	其他交通设备制造	35
C36T37	其他未分类及回收	36 37